渋沢栄一日一言

人間力を高める言葉

渋沢栄一＝著

致知出版社

まえがき

高祖父（祖父の祖父）にあたる渋沢栄一は、およそ五百の会社および六百の社会的事業の設立に関与し、「日本資本主義の父」といわれています。ただ渋沢栄一は数多くの会社や膨大な不動産など資産を子孫に残すことありませんでした。

栄一は「道徳経済合一説」を提唱し、貫いて九十一年の人生を全《まっと》うしました。だから財産を子孫へ残さなかったのであろうと末裔《まつえい》の私は考えていました。

しかし、新しい世紀を迎えた二〇〇一年に自分が四十歳になって会社を興したことをきっかけに、実は曾々爺様は素晴らしい財産を残してくれていたことに気づいたのです。なぜなら、この財産は減ることがない、相続税もかからない財産です。もちろん合法的に。

なぜなら、その財産は「言葉」だったからです。

渋沢栄一は、自身の想いが詰まった言葉を一九一六年（大正五年）に出版された演説録である『論語と算盤《そろばん》』やその他の談話や演説の内容が収められている「渋沢伝記資料」等を通じて数えきれないほど残していたのです。

現在と異なる時代背景の言葉です。ただ、その言葉を今の時代の文脈で表現すれば、充分に活きてくる。つまり、栄一の言葉は減ることがない財産であり、むしろ、その言葉を現在に解釈して活用すれば、増える財産なのです。

そして、この財産は子孫だけに残した家宝ではなく、今の時代に生きている全ての方々へ残した共有財産です。

渋沢栄一の語録集『青淵《せいえん》先生訓言集』から致知出版社の編集者が抽出《ちゅうしゅつ》した一言を毎日読んでみてください。そして、自分の言葉として解釈して発声してみてください。それは、ご自身の財産になることに間違いありません。

渋沢栄一の言葉を読み返すと、怒りを感じることが多々あるかもしれません。

その怒りとは、日本はもっと良い国になれるはずだ。もっと良い会社になれるはずだ。もっと良い経営者。もっと良い一般市民。つまり、栄一は現状に満足することなく、常に未来志向を抱いていたからです。

渋沢栄一は、見えない未来を信じる力を持って、発揮していた人物でした。

ただ現状への憂いや未来に失望している嘆きが多いのが現在の日本。高齢化少子化等の不安が覆いかぶさっています。

しかし日本の将来の人口動態は見える未来です。確実に起こることは見える未来であり、見えるのであれば、その解決策や対処も見えないことはありません。ただ見たくないかもしれませんが。見える未来への解決策や対処は、今までのあり方・やり方の否定しなければならない側面もあるかもしれないので、それは見たくないという弱音です。人間だもん。弱いのは当たり前のことです。

ただ、人間だからこそ、我々は見えない未来に希望を持つことができます。見えない未来とは不確実性な未来です。不確実性とは悪い方に転ぶかもしれないけど、良い方に転ぶかもしれないという意味。悪い方に転ぶしかなければ、それは確実で見える未来です。

人間はイマジン、想像できるから見えない未来に不安になるのです。動物もＡＩも見えない未来に不安を抱きません。人間だけが見えない未来が不安になるのです。

ただ、動物は見えない未来に希望も抱きません。ＡＩは見えない未来への確率を算出することはできますが、そこには希望はありません。

不安と希望は同じコインの表裏です。なぜなら、そのコインとは人間の想像力だからです。言い換えると、動物やＡＩが持っていなく、人間しか持っていない力はイマジンすることは人間力そのものです。人間力こそが、渋沢栄一が残した財産のエッセンスです。

渋沢栄一の一言、一日ずつ読んで想像してみてください。

現在の日本は時代の節目に立っています。これまでの十年、二十年、三十年と比べると、これからの十年、二十年、三十年の日本社会の在り方は全く異なることは間違いないでしょう。直近で我々が体験したことのないスピード、規模の社会変革が起こるのです。

人口動態がピラミッド型社会であった昭和時代の成功体験の延長線上では豊かな未来は描けません。平成時代では団塊世代・団塊ジュニアというひょうたん型社会で、昭和時代の成功体験に囚われたまま三十年が過ぎ去ってしまいました。

これからの令和時代では逆ピラミッド型社会です。これが、我々日本の見える未来です。その見える未来の課題解決に昭和時代の成功体験で対処できる訳がありません。

我々は見えない未来を信じる力である人間力を高めるべき。これが渋沢栄一の現世へのメッセージです。

若き渋沢栄一は、江戸時代末期の官尊民卑が見える状態の延長線上では日本国民のための豊かな見えない未来を築くことができないという怒りを原動として、様々な行動を起こします。そして、途上国であった当時の日本は、人的資本の向上により、数十年という比較的な短い期間で当時の先進国の仲間入りを果たしました。

ただ『論語と算盤』が出版されたのは、この激動の時代ではなく、大正時代に入ってからでした。つまり、日本社会は物質的に豊かになっていました。ただ、精神的はどうだったのか。栄一は、この時代の驕りや怠りに危惧していました。だから、「道徳経済合一説」を唱え、怒っていたのです。このままでは日本の未来は危い。

渋沢栄一が亡くなったのは昭和六年十一月十一日、満州事変の二か月後でした。当時の日本人は老いた人の声に耳を貸さなかったのです。

現在に生きる私たちは、我々の見えない未来に向けて、耳を貸すべきではないでしょうか。時代によって変わるべきものは何か。変わらないものとは何か。激動の時代を体験した渋沢栄一が残した財産を一日一言で。

令和五年三月

渋澤　健

カバー写真――渋沢史料館所蔵
装　幀――スタジオ・ファム
編集協力――柏木孝之

1月

渋沢家の住宅などとして使われた通称「中の家」（渋沢史料館所蔵）

1日 新しき時代に

新しき時代には新しき人物を養成して新しき事物を処理せねばならぬ。

2日 最上の域に達する

およそ世の中の事は、決して一人一己、一代一世に成り立つものでない。第二世、第三世と、引き続いて善い人が出て、ついに最上の域に達するものである。

3日　根柢は身体

　適材が適所を得て、よくその力を発揮するには、健全なる身体が必要である。
　ゆえに人は少青年時代に、大いに身体を鍛練して、根柢《こんてい》を固めて置かねばならぬ。

4日　根を養う

　多く葉を摘《つ》まんと思えば、その枝を繁茂《はんも》させなければならない。その枝を繁茂させようと思えば、その根を培養せねばならない。

5日　道を修め徳を積む

道を修め徳を積むは、すなわち人たる天分に最も忠実なるものである。この道理によりて、百般の事物が処理されて、はじめて社会の安寧《あんねい》秩序が保たれ、かつその改良進歩が期待されるのである。

6日　社会を善良に導く

社会を善良に導くには、仁義道徳、孝悌《こうてい》忠信の道より外にない。これを外にしては、いかに身心を労するとも、ついに画餅《がべい》に帰せざるを得ない。

7日　商売のルール

国際間の商売は、あくまでも至公至平、すなわち仁義道徳をもって進まねばならぬ。これすなわち真正の富を増す所以《ゆえん》にして、国内のこととは自ずから異なるところありと考えるは、一種の迷誤である。

8日　経済に国境なし

経済に国境なし。いずれの方面においても、我が智慧と勉強とをもって進むことを主義としなければならぬ。しかし道理に適《かな》うことでなければ、国内でもよろしくない。国際間でもよろしくない。また他の欠点あるいは微力に乗ずるが如きは、決して商工業者のなすべきことではない。

9日 元気 ①

元気とは何ぞや。孟子《もうし》は『浩然《コウゼン》ノ気』と称して、次の如く説かれた。

『其ノ気タルヤ、至大至剛ニシテ、直《ナオ》キヲ以《モッ》テ養ヒ而シテ害《ソコナ》フナクンバ則チ天地ノ間ニ塞《ミ》ツ』と、この至大至剛の一句が甚だ面白い。すなわち至誠をもって養うて、飢えしむるなくんば、すなわち至大至剛のものとなるべく、これすなわち真の元気である。

10日 元気 ②

かの気位が高いという、その気位も元気であろう。また、いわゆる独立自尊も、ある場合には、元気とも言い得よう。（略）しかし自治自活ということは、自己に相当の働きがある上からは、まことに嘉《よみ》すべきことであるけれども、自尊はややもすれば尊大倨傲《きょごう》の悪徳に陥《おちい》る弊があるから、注意せねばならぬ。人と争い、理非に構《かま》わず、あくまで剛情を張るが如きは、決して元気ではない。また、かの大言壮語も、元気ではない。

11日 巧遅拙速

総じて事業を興すにあたりては、拙速を貴ぶは甚だ危険である。巧遅の大過なきに如《し》くはない。

12日 成功への道程

およそ新創の事業は一直線に無難に進み行かるべきものでない。あるいは躓《つまず》きあるいは悩《なや》み、種々の困難を経、辛苦を嘗《な》めて、はじめて、成功を見るものである。

13日　人の和 ①

個人の仕事でも会社の事業でも、天運よりは、人の和が大切である。人の和だにあらば、よし逆境に立っても成功するものである。ここにいう和とは、四つの要件を具備せねばならぬ。

第一、志操の堅実なること。第二、知識の豊富なること、第三、勉強心の旺盛なること、第四、忍耐力の強固なること、この四つを具備し、而《しこう》して和を得れば天の時も地の利も、顧慮する要なからん。

14日　人の和 ②

新興の事業が、天運に因《よ》って、いかに勃《ぼっ》興《こう》発展しても、これを維持する人にして、人の和を得ざれば、とても永久に持続することは出来ない。またこの天運とても、決して、永久的のものでない。必ず終熄《しゅうそく》する時がある。

15日　人　望

何業を営むにも、人望ほど大切なるものはない。

16日　勤勉精励

何事に当たるにも全力を傾注せよ。勤勉精励は、成功の要素である。

17日 習慣の力

勉強を習慣とすれば、必ず勉強せざるを得ぬようになる。

怠惰《たいだ》を習慣とすれば、怠惰はさらに怠惰を生ずるに至る。およそ怠惰ほど悪癖《あくへき》を生じ易《やす》いものはない。

18日 習慣は少年時代に決まる

少年時代の頭脳に記憶したる事は老後に至っても消失せず、明確に存在しておるものである。ゆえに習慣は少年時代が最も大切である。

19日 死ぬまで学問

学問すなわち実務、実務すなわち学問である。学校で学ぶ学問は、後に学ぶ実務の下拵《ごしら》えである。ゆえに人は死ぬまで学問と考えなくてはならぬ。

20日 学問と実務

学問を離れて実務なく実務の外に学問のあるわけなく、一にして二、二にして一で、これを引き離して考えるのは、大間違《おおまちが》いである。畢竟《ひっきょう》学問は実務を助けるから必要なので、学問と実務とは、終始離るべからざるものとして、生涯講習しなければならぬ。

21日 活発

繁忙なる業務に従事する人は、別して、活発に立ち働かねばならぬ。活発とは、自己の任務を愉快に敏活に処断することである。

ただしその言語態度は常に丁寧懇切なるを要す。

22日 謙徳を守る

我より彼に向かって働き掛けるは、誠に愉快であるが、よく謙徳を守り毫《ごう》も傲《おご》る色なきは、まことに床《ゆか》しく、かつ人を惹《ひ》き付くる力の強いものである。

23日 人のあり方 ①

すべて世の中を進めて行く者は人である。これを衰えさせる者もまた人である。荀《じゅん》子《し》の『活人アリテ活法ナク、乱人アリテ乱国ナシ』とは、いかにも名言である。

人はすなわち国の要素で、土地ばかりでは、国とは言われない。人ばかりでも、また国とは言われない。人と土地と和合して、はじめて国が成り立つのである。ゆえに人たるものは、ただ自己さえ幸福なればよいということを祈念してはならない。

24日 人のあり方 ②

人はその分に従うて業を励み、誠実をもって渡世を勉《つと》むべきである。これ貴重なる信用を得る所以《ゆえん》の最も正しき行程である。

25日 信用を高める

　商業の信用を高めるには、いかなる手段によるべきか、もしその道徳を進めずして、信用を保たんと欲するは、なお木に縁《よ》って魚を求むる類である。ゆえに信用を高めるには、まずその思想を高め、行為を篤実《とくじつ》にし、志操を剛毅《ごうき》にせねばならぬ。

26日 信用の根源

　商業上の信用というものは、どこから起るかというに、偽らざるが根源である。偽らぬという根源がなければ、信用の生じようがない。

27日 本末を誤るな

人はその常道を踏《ふ》み、その本分を尽くして得たる報酬によって、一身を立つべきものである。

然《しか》るに単に自己の利益のみを主とし、利益を得んがために、商売を為すというならば、すなわち報酬を得たいために、職務を執るというに同じく、つまり報酬さえ得れば、職務はどうでもよいこととなる。これ本末を誤るの甚だしきものである。世に悖《はい》徳《とく》者の少なからざるは、多くはこの誤解に因《よ》る。

28日 覇道と王道

実業者にして、その一家の富のみを図るは、覇道である。公利公益を勉《つと》むるは王道である。

29日 仕事は神聖なもの

世の中の仕事は、たとえ賤業《せんぎょう》たりとも、よくこれを勉《つと》め、よくこれを拡《ひろ》むれば、すなわち国家に公益を与うものである。ゆえに何を貴しとし、何を賤《いや》しと言うことはない。いかなる業務でも、神聖と思って遣《や》らねばならぬ。

30日 職業に貴賤なし

いやしくも世に処して身を立てんとならば、その職業のいかん、身分のいかんを問わず、終始自己の力を本位として、活動し、須臾《しゅゆ》も道理に背《そむ》かざることを心掛けて、しかる後にその栄達の計をなすことこそ、真の意義あり、価値ある人というべきである。

31日　成功の原理

一度従事した仕事は、これを完成するまでは、止《や》めぬという心掛け、すなわち忍耐力が肝要である。かくの如き辛抱ありて、多年の経験を積んでこそ、はじめて成功の人となり得るのである。

2月

幕末、渡欧時の渋沢栄一（渋沢史料館所蔵）

1日 立志とは

立志とは一生を有意味に終わるようあらかじめ志を決定することである。

2日 立志の工夫

立志の工夫としては、まず自己の頭脳を冷静にし、自分の長所と短所を精細に比較考察し、またその境遇が、果たしてその志を遂げしむるや否やをも考慮し、かくて前途確かな見込みの立ったところでその方針を定めるがよい。

3日　処世の要件

　多年蛍雪《けいせつ》の労空《むな》しからず、学業成って世の中に出づる青年は、あたかも鳥が巣立ちをしたと同じである。そこで第一に注意すべき処世の要件は、その地位と言行の一致を図ることである。

4日　志すとは行うこと

　志すことは必ず行わねばならぬ。行わざる志は、空砲である。無駄花《むだばな》である。

5日 正義の事業

国家社会を益する事業でなくては、正義の事業とは言われぬ。一個人がいかに富んでも、社会全体が貧乏では、その人の幸福は維持出来ぬはずである。

6日 真正の富

経済事業は、すべて富を得るをもって目的とするものであるが、我も富み人も富み、而《しこう》して国家の進歩発達を資《たす》くる富にして、はじめて、真正の富と言い得るのである。

7日 守るべき信条

真正の富を作らんと思う人は一つの守るべき信条がなければならぬ。それは仁義道徳である。各人仁義道徳に背かぬようになれば、自ずから不義不徳の行為は絶えて各種の業務は正しき発達を遂げ、かくて実業界の富力も増進し、その廓清《かくせい》をも見るのである。

8日 平和隆昌の条件

内に厚く忠恕《ちゅうじょ》の道を行い、外に博《ひろ》く智識の働きを運《めぐ》らせば、世の中の事は円満に進展し、互いに平和隆昌《りゅうしょう》の生活を遂げ得るものである。

9日 文明の進歩と仁義道徳

物質文明の進歩は、ややもすれば仁義道徳と相容れぬことが多い。その弊として、極端なる個人主義となり、自我思想となり、ついに道徳と経済とが、乖離《かいり》分裂して、かえって文明の退歩を促《うなが》すおそれがある。

ある一部の実業家中には、利益さえ得れば、仁義道徳は必要ないと心得ている者がある。これ甚だ誤れる考えで、もしかかる人が海外貿易などに携《たずさ》われば、ただ自己一身の利欲《りよく》にのみ馳《は》せて、不正不道徳の行為を敢《あえ》てし、小にしては信を外人に失うて、我が経済の発達を阻害し、大にしては国際間の紛擾《ふんじょう》を醸《かも》す如きことがないとも限らぬ。実に警戒を要すべきことである。

10日　成功の要諦 ①

およそ事を成すには、その守る所を堅くし、その行為を篤《あつ》くし、忍耐をもって事に撓《たわ》まぬようにせねばならぬ。

事業は単純なるものでない。志操堅実にして、事に当たりては、不撓《ふとう》不屈の精神を強くせねばならぬ。

11日　成功の要諦 ②

またその事の善悪を弁別しなければならぬ。これすなわち智識と耐忍を要する所以《ゆえん》である。多くの事柄は年月を重ねて、はじめてその効果の酬《むく》い来たるものである。これを待つのが忍耐である。この忍耐がなうては、強いものも砕かる。ゆえに怠らず、屈せず、進んで止《や》まざるところに、成功の実があるのである。

12日 安心立命 ①

非凡明快なる決断は安心立命から生ずるものである。

人として安心立命なき時は、事に当たりてとかく決断が鈍りて、邁進《まいしん》し得られぬものである。安心立命ある人は必ず自ら信ずるところがあるから、国家の危殆《きたい》に際しても、自若として、これに応ずることが出来るのである。

13日 安心立命 ②

人はその胸中に確乎《かっこ》たる安心立命がなければ、事変に遭遇《そうぐう》するかまたは厄難《やくなん》に出逢う時は、たちまちその態度を乱して、周章《しゅう しょう》狼狽《ろうばい》するものである。

14日　余の守本尊

余の安心立命は、論語すなわち仁義道徳である。これ実に余の守本尊で、終身渝《かわ》らざる金科玉条である。運命とか僥倖《ぎょうこう》とかいう道理以外の禍福は余の毫《ごう》も心に関せざるものである。

15日　修養を積む

咄嗟《とっさ》の事変に処するには、あらかじめこれに処する修養を積まねばならない。

16日 忍耐の時

よく事に通じて、勤勉であっても、目的通りに事の運ばぬ場合がある。これはその機のいまだ熟せず、その時のいまだ到らぬのであるから、ますます勇気を鼓《こ》して忍耐しなければならぬ。

17日 身のほどを知る

世に成功熱に浮かされ、野猪《やちょ》的に進む者が多いが、その多く失敗に終わるは、身のほどを知らぬからである。各自に天の使命を自覚し、国家、社会の公利公益を念頭に置きて、その材能、その力量に応じて、事に当たるに非《あら》ざれば、事業は成就し難いものである。

18日　時勢を識る

人の世に処する、もちろん智識を進めねばならぬがまたよく時勢を識《し》るを必要とする。智識ありて時勢に通じ、そのなす事を択《えら》びて、誠心誠意これを勉強するならば、必ず満足なる成功をとげ得られるのである。

19日　猛烈な活動力と緻密な考慮

人は猛烈なる活動力を有すると共に、緻《ち》密《みつ》なる考慮を持たねばならぬ。

20日 教師と生徒

今の教師と生徒との間に、昔のような師弟間の情誼《じょうぎ》、恩愛がないのはこれ今日教育界における大欠点である。

今日の教師を視るに、その多くはただ文字を講義し、義理を伝授すれば本分を尽くしたものの如く考え、生徒もまたあたかも寄席にて軍談でも聴くような気持ちでおる。書生の心得も違うているが、教師が日雇人のような気持ちでいては、立派な人物の出ようはずがない。

21日 教育の方法

教育は、広からんよりは、むしろ精《くわ》しからんを要す。注入的ならんよりはむしろ自修的ならんことを欲す。而してその学ぶ人の素質をして、孝悌《こうてい》、忠信、誠実、律義ならしむるにおいては、完全の域に達するに庶幾《ちか》からん。

22日 進歩の要件

およそ世の中は、何事も進歩発展が必要であるけれども、向こう見ずにただ進むわけにはゆかぬ。殊に国家の進歩に至っては、よく進みつつ、後をも顧み、確《しか》と地盤を踏みしめて、躓《つまず》き倒れぬよう注意せねばならぬ。

23日 建設的と模倣的

およそ世の中の事物進歩には、建設的と模倣的とある。而《しこう》してその模倣的に、善と悪とある。すなわち孟子《もうし》の『堯《ギョウ》ノ服ヲ服シ、堯ノ言ヲ称シ、堯ノ行ヲ行ハバ、是《コ》レ堯ノミ。桀《ケツ》ノ服ヲ服シ、桀ノ言ヲ称シ、桀ノ行ヲ行ハバ、是レ桀ノミ』と言えるは、すなわちそれである。

24日 社会の良否

社会の良否は、住む人の人格に因《よ》る。

25日 家庭と社会

社会は家庭の拡大《かくだい》されたものであるから、家庭を作る人々が個々に道を履《ふ》み、徳を行うに由《よ》って、自ずから改良せられ、向上されて行くものである。

26日 商業と学問

商売人は自己の商業の強固に発達することを勉《つと》むべきはもちろんであるが、さてその商業の強固に発達する原因は何であるか。結局その人の思想が堅実にして、事に処し物に応じて、適当なる働きを為すにある。その働きは何によりて得るかというに、学問の力によらなければならぬ。

27日 後進者を育てる

学問を修めて実務に就いた者は、ますますその事業の範囲を広めてもって後進者に好位置を与うることを心掛くべきである。これすなわち国を向上せしむる所以《ゆえん》の唯一の務めである。

28日 貧民救済の意味

彼は彼なり、我は我なりとて、我意を通さば、富者はますます富む一方に、貧困者の増加するは、自然の勢いである。かくて貧富の懸隔《けんかく》ますます甚だしければ、すなわち両者の反目を免れ難く、ついに社会の秩序を乱るに至るであろう。されば適当なる方法の下に、貧民救助を行うは、秩序を保つ所以《ゆえん》にして、また社会の経済を維持して、安全を保つ必要条件である。

29日 すべてに道理がある

すべて事には道理がある。成るは成るの道理があり、成らぬは成らぬの道理がある。

3月

居間でくつろぐ渋沢栄一と長男・篤二の妻・敦子
（渋沢史料館所蔵）

1日 学問と経験

学問は一種の経験であり、経験はまた一種の学問である。老人も青年も、この辺の消息を了解するを要す。

2日 学問の目的

学問は就職の綱にあらず。地位を釣る餌《えさ》にも非《あら》ず。また卒業証書は立身出世の手形に非ず。

3日　至誠

人格には、血もあり、涙もあり、かつ、逞《たくま》しき精神を持たなければならぬはもちろんであるが、要するにその中に至誠が籠もっておらぬと、完全な人格とは言い得ない。すなわち至誠をもってすべての事に当たり、而して言語を慎み、善悪の弁別を誤らぬ等、種々の美徳が総合して、はじめて完全なる人格となり得るのである。一言もってこれを蔽《おお》えば、至誠は人格の根本である。

4日　武士道

人は至誠を本とし、いやしくも道理に適《かな》い、本分に背《そむ》かぬ事であれば、勇往邁進《まいしん》し、公益をはかる意気がなければならぬ。これすなわち武士道である。

5日 人間と禽獣

衣食住の三者は、人の生活において必須欠くべからざる要件で、一面より観れば人はみなこれがために活動するようにも見える。かくも重要のものではあるが、ただこの事にのみ汲々《きゅうきゅう》として、また他を顧みるいとまなきようでは、禽獣《きんじゅう》と択《えら》ぶところなく、甚だ卑しむべきものである。

6日 人間の真価

古来人は食うために働くか、働くために食うかという問題があるが、人たる以上、誰《たれ》か食うために働く者があろう。働くために食うというにおいてはじめて人の人たる真価を認めらるるのである。

7日　道徳も進化する

世の中には何事も進化のないものはない。宇宙も進化し、生物も進化し、美人の容貌《ようぼう》さえ進化があるという。世間の一切万事、みな進化の痕《あと》が歴々として眼に映らぬものはない。したがって道徳にもまた進化あるべきはずである。

8日　現状維持は退歩

自分は僅《わず》かに現状を維持しているとして、他人もまた同様なればよいが、人は進んで止《や》まぬのが世の常であるから、結局現状維持は、取りも直さず自分が退歩する勘定になるのである。

9日 気力を注ぐ

事に大なるあり、小なるあり、満身の気力を注がずともよさそうに見えることもある。さりながら大なり、小なり、気力を注がないで、その効を奏し得た例はない。ちょっと人に接するにもそうである。充分に気力を注いで話したことは、感応力が甚だ強い。戯《ざ》れ事でも、遊び事でも、やはりその通りで、事々物々満身の気力を注いでやるということは、人のこの世に処するにおいて忽《ゆるが》せにすべからざることである。苟且《かりそめ》の考えを持たず、慰《なぐさ》みに物をせぬよう心せねばならぬ。

10日 国家に尽くす

商にあれ、工にあれ、あるいは労力にあれ、その業体が正理公道に背《そむ》かぬ上は公私の別を立てる要はない。その営む仕事に力を尽くすは、すなわち国家に尽くす所以《ゆえん》である。

国家の分子たる個人が、道理正しい業体を営んで、盛んに進んでゆけば、すなわち、国家もまた従って盛んにもなり、強くもなる。ゆえにこの商業は個人のため、この工業は国家のためと、差別を付ける要はない。ただし事業は選ばなければならぬ。何となれば道理正しい業体と、法律に触れずとも卑しむべき業体があるからである。

11日　善意と悪意の競争

善意の競争は、商業繁昌の基であるが、悪意の競争は早晩必ずその商店の繁栄を阻止し、その商人の信用を傷くるものである。

12日　競争とは熱

競争を譬《たと》えてみれば、あたかも人体の熱の如きものである。人間を活かすも殺すも熱である。商人を活かすも、殺すも競争である。ゆえに商人は常にその平熱を保つことに注意せねばならぬ。

13日 理財の妙用

理財の妙用は、永遠を期するに在り。速効を求むれば多く敗る。

14日 老舗の信条

老舗《しにせ》が把持する堅実なる営業方針は永劫《えいごう》不変の信条である。

15日　事業の目的

およそ事業を営むには、まず国家社会の利益を目的とせざるべからず。国家社会の利益となる事にて、自家の利益とならぬはずはない。

16日　志士の務め

自己の利殖を第二に置き、まず国家社会の公益を考え、道理の命ずるがままに、働くのが志士の務めである。

17日 智の力、仁の力

是非得失、利害、安危等をよく識別して、一身一家、さては一国を発展せしむるは「智」の力である。ゆえに智の貴むべきは論なきことなれども一方に偏すれば術数に陥《おちい》り、狡猾《こうかつ》、騙瞞《へんまん》等の悪徳を敢《あ》えてしてして憚《はばか》らぬようになる。これを救うはすなわち仁の力である。

18日 実践躬行

道徳は国家の教えでもあり、また個人の教えでもある。ゆえに国家個人、貴賤《きせん》上下を通じて、実践躬行《きゅうこう》すべきものである。

19日 道 ①

道とは道路の意味で、人間の行路を進むにおいて、ぜひとも履《ふ》まねばならぬものである。『道ハ須臾《シュユ》モ離ルベカラズ、離ルベキハ道ニ非《アラザ》ルナリ』と孔子が言われた通り、吾人《ごじん》が日常の坐作《ざさ》進退は、ことごとく道に準拠すべきものである。

20日 道 ②

仁義孝悌の道は、他人に強要されて、行うべきものでなく、自動的に、いつも同じ程度に行わなければならない。見栄《みえ》や強要に余儀なくされて行うものは偽善であって、道ではない。

21日 常識 ①

常識とは事に当たりて、矯激《きょうげき》に馳《は》せず、頑固に陥《おちい》らず、よく是非善悪を見分け、利害得失を識別し、言語、挙動すべて中庸に適《かな》う者がそれである。これを学理的に解釈すれば、智識、情愛、意志の三者が、各々《おのおの》権衡《けんこう》を保ち、平等に発達したるものを言うのである。

22日 常識 ②

英雄豪傑も非凡ではあるが、愚人もまた非凡である。而《しこう》して英傑中にも非常識の人がある。凡人にも常識を備えた者がある。余は世を挙げて英雄豪傑たらんよりは、むしろ常識を備えた凡人の多からんことを望むものである。

23日 動中の静、静中の動

真の智者には、動中自ら静があり、真の仁者には、静中自ら動がある。

24日 理想の人物

およそ人は理想的にいえば、深沈にして機敏、機敏にして深沈、よく静と動とを兼ね、水も山も共に楽しむ者とならねばならない。

25日 交際は社会の根本

交際とはすこぶる広義にして、個人間はもちろん、政治界、経済界、一つとしてこれが必要を認めないところはなく、社会あれば、必ず交際あり、人として社会に生存するにおいて、欠くべからざる根本要義である。

26日 交際の要旨

交際の要旨は、事に当たりて切実に考え、人に対して、いささかも誠意を欠かず、いかなる階級の人に向かっても、言々句々、すべて自己の衷情《ちゅうじょう》を披瀝《ひれき》するに在る。世に至誠ほど、偉力あるものはない。

27日　軽薄才子となるなかれ

人は軽薄才子となるなかれ、また無責任なる批評家となるなかれ。

28日　満身の精神を以てすべし

一事ヲ為シ、一物ニ接スルニモ必ズ満身ノ精神ヲ以テスベシ。瑣事《サジ》タリトモ、苟且《カリソメ》ニ付ス可カラズ。

29日 天の働きと人間の役割

天は実に霊妙なる者である。公明なる者である。正大なるものである。天は社会のため、国家のために尽くす人々に対して、必ず幸福を与うるものであるから、我々は社会のため、国家のために、自己の責務を尽くすが、その本分である。

これを満足に務むるだけ、それだけ自己の本分を完《まっと》うすることになり、その本分を完うするところに幸福が在るのである。ゆえに人はただ自己の本分を尽くす上において、不足なきや否やと自ら省みるところに、安心立命がある。

俗にいう『あきらめ』とはこの事で、この一念に向かって、惑わず、倦《う》まず、直進すべきである。

30日 天命

人の世に処するにおいて何者か知らん、自然に我を助けてくれる霊妙なる力があるように感じられる。この感応がすなわち天命である。

31日 その日の事はその日に

人々その日の事は、必ずその日に済ませ、後日に事の残らぬよう勉むべきである。

4月

「青い目の人形」を抱く渋沢栄一。民間外交を通じ、
日米関係の改善にも取り組んだ（渋沢史料館所蔵）

1日　剛毅強力

自信なき者には、大事業は出来ぬ。ゆえに剛毅《ごうき》もって志を立て、強力もって事に当たらねばならぬ。

2日　寡黙敏捷

自分が信じぬことは言わず。知った以上は必ず行うという念が強くなれば、自然に言語は寡黙《かもく》になり、行為は敏捷《びんしょう》になるものである。孔子曰《いわ》く『君子ハ言ニ訥《トツ》ニシテ行ニ敏ナランコトヲ欲ス』と。

3日　思考の鍛錬

商人たるものは必ず信念がなくてはならぬ。而《しこう》してまず思想を鍛錬する必要がある。思想を鍛錬して信念を修養しなければ、文明の商人としてその成功を期待することは出来ぬ。

4日　百錬の鉄、萬朶の桜

実業家はその志操を堅実にし才気を煥発《かんぱつ》していわゆる『凝ッテハ百錬《ヒャクレン》ノ鉄トナリ。発シテハ萬朶《バンダ》ノ桜トナル』というようにありたい。

5日 学校と社会

学校出身の青年は、実社会においては徒弟である。

学校において得たる智識は、必ずしも実社会の知識と同視し難い。否、学校教育は、実社会に出づる準備に過ぎない。本当の智識、生きた学問は実社会に立ってはじめて習得するのである。

6日 青年の不満

新たに実業界に出る青年輩が自分の望む事務を与えてくれぬと言うて不平を鳴らすは、自らその無能、不勉強を表明すると同じことである。総じて人はその事務を執るに当たり、最も細心に勉強すれば、その事務は完全に出来て、委託した人は、必ず満足する。一事に満足すれば二、三、四、五と、ついには眼の回るほど忙しくなるものである。

7日　人気の根源

広告も必要、自己表現も必要であるが、これらは外部的誘導手段に過ぎずして、内部的実質を充実することこそ、人気を博する根源である。

心身の力を尽くし、着実に勤勉に、その業を営みてこそ、はじめて人気が集まって、その業が繁昌するのである。

8日　人気は己れの内にある

人気は他方より来るものでなく、己《おの》れより出づるものである。人気の来たり、人気の去る所以《ゆえん》は、その源を尋ぬれば、必ず内に在りて外に在るのではない。己れに在りて人に在るのではない。

9日 実質を良くする

総じて物を広めるは、自ら売ることを意味するものである。ゆえに広告も必要であるが、第一にその品物の実質を良くしなければならぬ。しからざればその広告はややもすれば、羊頭《ようとう》を掲げて狗肉《くにく》を売ることとなる。

10日 善人の意義

善人はいつの時代でも必要である。あたかもごく良い品は、いかなる不景気の時でも、よく売れると異ならない。

11日 君子と小人

論語に『君子ハ義ニ喩リ、小人ハ利ニ喩《サト》ル』ということがある。この利と義との差別が、すなわち君子と小人との別である。思想高尚にして、小利に汲々《きゅうきゅう》とせず、一旦覚悟したる事は、必ずこれを貫くという、堅実なる志操を有するもの、これ君子である。これに反してただその一身を本位として、自己の利益にのみ拘泥《こうでい》するもの、これ小人である。

12日 君子はすべて道理に合う

一挙手一投足、陰に陽にすべて道理に合うのが君子で、これに外れるのが小人である。

13日 道の価値

道は実行によってはじめて価値を生ずるものである。
神棚や仏壇の中に片付けておいては、道もまた煤《すす》けて価値を生ぜぬものである。

14日 道は一つ

道は誰にも行い得らるるものである。人にはみな道を行うに足るだけの力がある。ただその力と道とに大小の差があるに過ぎぬ。賢者の道も不肖者の道も、共に道の道たるに至ってはすなわち一つである。

15日 方向を定める

学生はその方向をしかと定め、一意奮進に努力すべきである。

世に出た都合次第で、官吏にもなろう、教師にもなろう、実業家にもなろうというような、フラフラした考えをもって、学問に従事するは、すなわち将来を誤る基である。

16日 学問の役割

学問ある者が、経験の智識を具《そな》えた人より、必ずしも偉《えら》いとは言い得ないが、偉くなるに、より多くの便宜を有している。また学問は天才を作ることは出来ぬけれども、天才を、より早く啓発、助長する力がある。

17日 学者の任

真正の学者と言われる人ならば、常に経世済民の事を稽《かんが》え、国家の隆昌《りゅうしょう》をもって己《おの》れの任となす人たるべきはずである。

18日 勉強の面白さ

勉強して自分の事業を整頓してゆくほど、世の中に面白いことはない。

19日　不変不易の道

世の中に万古に通じて不変不易の道が一つある。それは仁義忠孝である。約言せば人道である。

20日　大道の上に立つ

国家社会のために尽くさんと欲する者は、天地人を一貫する大道（仁）の上に立たねばならぬ。

21日 すべて意味がある

実務上には詰《つま》らぬことは一つもない。たとえ小さな仕事でも事業その物の上から見ればいずれも重要であって、その一つを欠いても完全に運ばれるものでない。ゆえに詰らなく見えることでも、一生懸命に働く人でなければ、重要な仕事は、なおさら托《たく》することは出来ない。

22日 専心一意

人はすべて自己の勤務または責任に対しては、いかにも謹直に気を小さく持ちて、取り扱う業務には脇目《わきめ》も振らず、専心一意、これを処理して行かねばならぬ。人に貴ぶところはここに在る。

23日　満身の気力

およそ事に当たり物に接するには、すべて満身の気力をもってすることを心掛けねばならぬ。世間の事物について、往々禍害を生ずることあるは、すなわち満身の気力の注がれぬところから起こるのである。

24日　平常の誠意が力となる

平常誠意をもって事に当たっておれば、いざという場合に、それが非常なる力となって、自分の助けとなるものである。

25日 名誉と責任

名誉と責任は、なお糾《あざな》える縄の如きものである。名誉を名誉たらしむるは、すなわち責任を重んずるに在る。

26日 誉れは結果

誉《ほま》れの生ずるは、けだし生ずるの日に生ずるにあらずして、由《よ》って来たるところがある。

27日　運命を待つ

人は誠実に努力してもって運命を待つがよい。もし失敗したら自己の智力の及ばぬためと諦《あきら》め、さらに力を尽くさねばならぬ。かくの如くしてあくまで勉強するならば、必ず好運命に際会する時が来る。

28日　今日は今日、明日は明日

今日順境に在るがゆえに、明日もまたしかりと思うことなかれ。今日幸福なるがゆえに明日もまたしかりと思うことなかれ。

29日 共同の精神

人は社会的動物なれば、互いに親密の情を厚くし、共同の精神を発揮しなければならぬ。

人は決して孤立して世渡りの出来るものでない。各自意志を疎通し、常に親密の情を保たなければならぬ。殊に寄宿舎の如き、多数の人の共同生活を営むところに在りては、共同の便利を専一として、少数の不利は忍ばねばならぬ。

30日 交際の要諦

交際が親密になるほど、互いに敬意を厚うするは、最も大切の事である。

5月

昭和2年11月、日本国際児童親善会での渋沢栄一
（渋沢栄一史料館所蔵）

1日 忠信篤敬 ①

商業界でごくごく必要を感じたのは、論語にいわゆる『言、忠信、行、篤敬《トッケイ》』という一句である。商人は常にこの心がなければならぬ。

2日 忠信篤敬 ②

『言、忠信、行、篤敬』とは孔夫子《こうふうし》が子張《しちょう》の問に答えられたる金言である。何人も思いをここに致し、造次顛沛《ぞうじてんぱい》、この旨を守らねばならぬ。果たしてしからばいずれのところに往《い》っても、排斥《はいせき》されるようなことはなく、必ずその効果を挙げ得らるるに相違ない。

3日 善因善果を収める

一身においても、因果があり、一代においても因果があり、一世紀においても因果があるから、我が未来の実業家は、道理正しく、秩序を履《ふ》んで、善因もって善果を収むるが肝要である。

4日 道理を立脚地とする

真の成功なるものは、道理を立脚地として俯仰《ふぎょう》天地に愧《は》じざる行動をもって、国家社会に有益なる事業をなし、もって富を作るにある。

人間行為の標準として、一時も忘る能《あた》わざるものは、その行為の正邪、善悪であって、成功不成功はこれを天に任す外はない。人道を踏み外して成功の地位に達する如きは、これは全然価値なきものである。

5日 言葉を慎む ①

日常の言語を忠実にして、いやしくも妄《もう》語《ご》を発せず、その行いを篤実《とくじつ》にするは、容易に出来ることで、しかもそれが善事である。

6日 言葉を慎む ②

口は禍福の門で、災害も起これば、福祉も来る。司馬温公《しばおんこう》が処世の道を示して『妄《モウ》語《ゴ》セヌヨリ始メヨ』と言えるは、実に人々の服膺《ふくよう》すべき戒めで、言語は最も慎まねばならぬ。

7日　叱り方

過失を責めるにあたり、まず第一に心すべきはその人に対し、毫《ごう》も憎悪《ぞうお》の念を挟んではならぬことである。

8日　親切な忠言

親切を基礎として与えられた忠言は、終身忘るることの出来ぬものである。

9日 尊敬される人

人は才能や力量ばかりでは、永く人を心服せしむる事は出来ぬ。人に忍びざる心ありて、同情に富む人がよく人に懐《なつ》かれて、永久に尊敬せらるるのである。

10日 発展成功の根本

およそ事業の発展成功の根本は、資本にあらずして人に在りと言わねばならぬ。ゆえに事を興すはまずその人を得るにある。幸いその人ありて仁、愛もって相結びて、その事に当たるを得れば円満に発達するは必然である。

11日 協力者を明察する

事業を起こすにあたりては、協力者の人となりを明察せねばならぬ。協力者の不道徳、不信用ほど恐るべきものはない。迷惑のおよぶところは、一個人の上ばかりでなく、ために事務進行上に容易ならぬ事態を惹起《じゃっき》することがある。かくのごときは事業家として、最も戒心《かいしん》すべきことである。

12日 採用の三要件

およそ人を択《えら》び、人を採用するに、三つの要件がある。

第一は適材を適所に置く事、第二はある特長を任用する事、第三はその人物の全体を観察して、その完全なるや否やを知り、もってその人を重用する事である。

適才を適所に置くについてはそのもってするところ、その由るところ、その安んずるところを観察して誤らざれば、決して失敗を伴うものでない。

13日 積極的に善事をなす

人は消極的に悪事を為さぬというだけでは、物足らないのである。積極的に多く善事を為さねば、人たる価値はない。

14日 善事が進歩の基礎となる

真正の進歩は善悪共に行い得る人が、ただ善事のみを行うところに在るのである。

15日　処世の飢者

人にして勇気を欠く者は、処世の飢者に均《ひと》しきものである。

16日　真正の勇と匹夫の勇

勇気は貴ぶべきものであるが、要は真正の勇と、匹夫《ひっぷ》の勇とを、混同せぬように注意するに在る。

17日 世に立つ要諦

人の世に立つ要諦《ようてい》は中和を得るに在る。

中庸に『喜怒哀楽ノ未ダ発セザル之《コレ》ヲ中ト云ヒ、発シテ皆節ニ中《アタ》ル之ヲ和ト云フ。中トハ天下ノ大本、和トハ天下ノ達道ナリ。中和ヲ致シテ天地位シ、万物育ス』とあり、よく人の処世の妙理を尽くした言である。

18日 中庸を得る

楽観主義、悲観主義、共に事物の半面、すなわち表裏いずれか一方のみの観察から起これるもので、決して中庸を得たるものでない。

19日　「ぶるな」と「らしく」①

「ブルナ」「ラシク」の俗語は、実に中庸を包含したる言葉である。人はその起居動作、常にこの俗語を服膺《ふくよう》すれば百事そのよろしきを得て、天下国家も治まるのである。

20日　「ぶるな」と「らしく」②

人らしく、男らしく、女らしく、親らしく、子らしく、金持ちぶるな、学者ぶるな、才子ぶるな、処世の要諦《ようてい》はこの「らしく」「ぶるな」の二語に在る。

21日 婦徳を養成する

偉人賢哲の世に出づるは、婦徳に因《よ》るところが多い。これ東西古今を通じて明らかなる事実である、されば婦人を教育して、その智能を啓発し、婦徳を養成せしむるは、ひとり婦人のためのみならず、間接には善良なる国民を作る素因となるものである。

22日 婦人の力

社会は家庭の拡大したるものであるから、家庭の完美を欲すると共に、社会の完美をも希《ねが》わねばならぬ。この意味において、婦人の力を家庭に尽くすはこれ社会に尽くす所以《ゆえん》であって、必ずしも表面に立つを要せず。

23日　社会が認める人になれ

人はいかに偉《えら》くとも、認識する者がなければ分からない。つまり社会が、その人の本能を認識すればこそ、偉くなれるのである。この点から見ても、人は国家的観念を忘れてはならないことがわかる。

24日　引き立てられて偉くなる

昔から偉い人はみなよく人を引き立てている。さもなければとうてい自分も偉くなれるものでない。

25日 人たる本分

人はただ自己だけが不足なければ、それで本分を尽くしたとは言われぬ。自己を満足すると共に、国家社会を満足する行為がなくてはならぬ。かくてこそはじめて人たる本分を尽くしたと言い得るのである。

26日 待遇と責任

社会からよき待遇を受くれば、それだけ、己《おの》れの責任を自覚しなければならぬ。

その責任を尽くさざれば、名誉はかえって不名誉となり、尊敬はかえって軽蔑《けいべつ》を受くるのもととなる。

27日　開運の道

窮すればすなわち通ずという格言がある。人はいかに窮迫《きゅうはく》に会うても、至誠と勉強に欠くるところがなければ、必ず開運の道があるものである。

28日　功名心

道理正しき功名心は、甚だ貴ぶべきものである。勉強心の起こるも、奮発心の起こるもみなこれに由《よ》るのである。

29日 智と徳の関係

智と徳との関係は、なお人の頭脳と血液の如く切にその調和健全をはからねばならぬものである。

人の智識を進むるは、世の進歩を図るために甚だ必要であると同時に、その精神修養を務むるもまた肝腎《かんじん》である。

しかるにただその智を進むるにのみ急にして、徳を修むることを忘ると、多血質と変じて、その身体が弱くなり、したがって精神もまた満足ならざるに至る。

さりとて智識を疎外して、ただ徳行のみを主張すると、その弊や、身体を枯痩《こそう》して、体格の健康を得られぬと同様に、真正なる国家の文明富強を、期することが出来ない。

30日　青年に求められる人格

現代の青年に取りて最も切実に必要を感ずるは、人格の修養である。

青年たるものは、真摯《しんし》にして率直、しかも精神、内に充《み》ちて活力、外に溢《あふ》れ、いわゆる威武《いぶ》も屈する能《あた》わざるの人格を修養し、もって他日自己の利益を計ると共に、国家の富強に努めねばならぬ。

31日　先哲の言を実践する

前途に希望を抱く青年は、心の緊縮ならんことを期し、いかに逆境に立つも動かず、順境に処するも驕《おご》らず、いわゆる貧にして諂《へつら》わず、富んで礼を好むという、先哲の言を実地に行うように心掛くることが肝要である。

6月

家族と。前列左から3人目が渋沢栄一
(渋沢史料館所蔵)

1日 自営自活の精神

およそ人は自主独立すべきものである。決して他の助けに依頼すべきものでない。すなわち自営自活の精神は、実に同胞相愛の至情と共に、人生の根本をなすものである。

2日 国家に望ましい人

国家に無限の財力をもって、虎狼《ころう》の欲を逞《たくまし》うする、少数の大富豪の出でんよりは、むしろ知識あり、人格ありて、国民一般の利益を図る人が多く出でんことこそ望ましけれ。

3日　株式会社の目的

余はかつて相場に手を出したることなく、事業を営むにも、独立経営の利殖法を避け、衆人の合資力に成る株式会社を興して、利益は少数で壟断《ろうだん》せず、多数の人と共にこれを享《う》くるをもって、社会のため国のため、最も適当なる仕方と信じて、年来専心一意実行し来ったのである。

4日　事業と国家

事業を為すに、必ず自己に大資産がなければならぬとは言われぬ。相当なる信用、智識、実験等があれば、人の資力を運用して、事業はいくらでも出来る。ゆえに人はまず国家社会の利益を考えて、その従事する業を励むにある。而《しこう》してその国家社会の利益は、自己もまた自ら均霑《きんてん》するものである。

5日　道徳と経済

同胞相親しみ相愛するがすなわち仁である。而して《しこう》その相交わる間に、自利、利他相妨げず、相害せずして、これに処する道がある。これを義という。ゆえに仁義、忠孝はみな経済中の道徳にして、道徳と経済とは、須臾《しゅゆ》も離るべからざるものである。

6日　協同進歩をはかる

同業相結び相援《たす》け、なるべく規律的に協同進歩をはかるは、すなわち事業上最も必要なる注意である。

7日　企業家の条件

企業家に綿密周到なる注意の要あるは言うまでもない。左の件々の如きは最も大切の事である。

其《ソ》ノ事業ハ、果タシテ成立スベキヤ、否ヤヲ探究スルコト。

個人ヲ利スルト共ニ、国家社会ヲ利スルヤ否ヤヲ究《キワ》ムルコト。

其ノ企業ガ時機ニ適合スルヤ否ヤヲ判断スルコト。

事業成立ノ暁《アカツキ》ニ於《オイ》テ、其ノ経営ニ適当スル人物アルヤ、否ヤヲ考ウルコト。

8日　数の観念

企業家において、まず第一に心すべきは、数の観念である。最も綿密に成算し、右から見ても左から見ても、間違いがないようでなければならない。

9日 運不運を決めるもの

時に運不運があり。人に幸不幸がある。而《しこう》してこの配剤によりて、逆境に陥《おちい》る人もあり、または順境に立つ人もある。

されど逆境に陥るは、多くはその人の智識、勉強、忍耐等の足らぬためで、また順境に立つ人は多くは、智識多くして考慮深く、時機に適応した行いをするからである。西洋の諺《ことわざ》に学識ありて、勉強する船長は、いつも順風を得て航海するというは実に真理である。

10日 幸運をつかむ

幸福は遍《あまね》く流れ来るものであるから、これを享《う》くる者が、注意して捕捉《ほそく》しなければ、直に逸し去ってしまう。

11日 栄達の道

地位もなく富力もなく、引き立つる先輩もなく栄達すべき素因が極めて薄弱でも、学問あり、智識あり、身体健康にして勉強家であるなれば、自ら他の推賞を得ざるも、栄達の道は自然に開けて来る。まして非凡の才能があって、長上の意想外に出づるほどならば、官にあると野にあるとを問わず、必ず栄達して、順境に立つ人となり得るに相違ない。

12日 堅忍持久の力

活動といい奮闘というと、いかにも勇ましく聞こゆるが、世の中の仕事は、力瘤《ちからこぶ》ばかりでゆくものでない。堅忍持久の力を養うて、次第に進まねばならぬ。

13日　困難の時、得意の時

困難の時には、かえって事業の基礎を強固にし、得意の時には、多く腐敗の因を醸《かも》すものである。

14日　譲の徳

譲《じょう》の徳は最も尊ぶべきものである。人に譲るは、すなわち己《おの》れが他に用いらるる道を開く所以《ゆえん》である。

15日　己れを虚しうする

人と交わるに、己《おの》れを虚《むな》しうするは、すなわち天意に順《したが》うものである。

16日　成功の裏に礼あり

人間はいかに学問があり、いかに智識があっても、これを約するに礼をもってするに非《あら》ざれば、満足なる成功は期し難いものである。

17日 自利利他

商業上の真意義は、自利利他である。個人の利益はすなわち国家の富にして、私利すなわち公益である。公益となるべきほどの私利でなければ真の私利と言われない。

18日 実業家もまた士

いかなる人を士と言うべきか。実業家もまた士である。この士たる者の経営するところの商工業の最終の目的は、すなわち国家をして、富みかつ強からしめるにある。

19日 人の世に処する務め

人のこの世に処するは、二個の意味を含蓄している。すなわち自己に対するものと他人に対するものである。他人に対する務めとは、教育勅語の『克ク忠ニ、克ク孝ニ、朋友《ホウユウ》相信ジ、博愛衆ニ及《ヨ》ボシ』とある如く、至誠博愛をもって、他人に対する謂《い》いである。

また自己に対する務めとは、一身一家の富貴、栄達を求むるの謂いである。この他人に対する誠意と、自己の求むる栄達の意念とがよく権衡《けんこう》を保って、相ならんで進むが、すなわち人のこの世に処する適当なる務めである。

20日 生まれてきた目的

およそ人としてこの世に生まれ来たりし上は、そこになんらかの目的がなくてはならぬ。これを客観的にすれば、自己を第二として、まず社会の存在を認め、社会のためには自己を犠牲にするも辞せぬというまでに、自我を没却することとなるべく、またこれを主観的にすれば、自己あるがゆえに社会あるを認め、何事も自己を本位として、ある程度までは、自己のために社会を犠牲にすることになる。

しかし人は尊卑、賢愚、老少となく、いずれも天の制裁を受くべきものである以上、その目的もまた天道に基づかねばならぬ。

21日 信ずべき人の見分け方

信ずべき人と、信ずべからざる人とを、区分するの標準は、志と、言と、行いとの三拍子揃うた人なるや否やを観察するに在る。

22日 志行一致

人が人の親切を有り難く思うは、その志よりもその行いにある。その行いがいかに親切らしくも、その志が不実であれば、人は決して有り難く感ぜぬ。

ゆえに人は志行一致せねば、他人を感動させることは出来ぬ。

23日　信用は信念から生ずる

信用は暖簾《のれん》や外観の設備だけで、収め得られるものではなく、確乎《かっこ》たる信念から生ずるものである。

しかし信念と信用とは必ずしも常に一致するものでないが、信念なき者は到底信用を得ることは出来ぬ。

24日　確乎不動の信念

事に接し物に対するには、確乎不動の信念がなくてはならぬ。信念の基礎は、強き信仰の力で築き上げなければならぬ。これ真に商業道徳を理解し、またこれを実現する所以《ゆえん》の根柢《こんてい》である。

25日 消極的人間になるな

ただ悪い事をせぬというのみにては、世にありて、何の効能もない。ゆえに人は善い事を多くせねばならぬ。しかし智識の進歩を妨げると、善事を行う事も鈍りて、ただ悪事をせぬという消極的の人間になってしまう。

26日 精神修養の根本

精神修養の根本は敬神に至る。信仰心はやがて道徳と一致するものである。

27日　下問を恥じぬ人

下問《かもん》を恥じざるは人の難しとするところである。下問を恥じぬ人にして、はじめてその名を後昆《こうこん》に垂《た》るるが如き大人物となり得るのである。

28日　向上の動機

下問を恥辱とする精神はまた人をして向上せしむる動機となるものである。

29日 常に向上発展を期す

ごぼうはごぼう、にんじんはにんじんで、だいこんにもかぶにもならぬが、人間はしからず。王侯将相《おうこうしょうしょう》、もと種あるに非《あら》ず。常に向上発展を期し、急がず焦《あせ》らず徐《おもむろ》に進むことを心掛けねばならぬ。ただ自己の分際を忘れ、やたらに階段を飛び越そうとすると、あるいは失望し、あるいは蹉跌《さてつ》を来すことあるを忘れぬがよい。

30日 足るを知り、分を守る

進取的欲望を持つ一方に、足るを知り、分を守る心掛けが肝要である。

7月

88歳を迎えた渋沢栄一（渋沢史料館所蔵）

1日 人は孤独ではない

人は孤独のものでない。いかに山中に隠退していても、この世の糧《かて》を食いつつある間は、その生活は、他人の共同生活に影響を及ぼすものである。ここにおいて人は生まれ落ちてから死ぬるまで、社会の一員として、重き責任を負わなければならぬ。その責任とは他事にあらず「働」の一事である。

2日 導く人と遂げる人

世の中の事業は決して一人の力のみで成るものでない。必ずこれを導く人があり。従ってこれを遂《と》ぐる人があって、はじめてここに出来上がるのである。古人曰《いわ》く『智者ハ事ヲ始メ、能者ハ述ブ、一人ニシテ成ルニ非《アラザ》ルナリ』と。よく事実を穿《うが》った言である。

3日 武士道の神髄

武士道の神髄は、正義、廉直《れんちょく》、義侠《ぎきょう》、敢為《かんい》、礼譲等の美風を加味したもので、我が国の精華である。

4日 武士道と商工業

武士道は決して、武士の専有ではない。およそ文明国における商工業者の拠《よ》って立つべき道もまたここに存するのである。

5日　天の道徳

天は万物を生み養う。この生養ということが、すなわち天の経済である。その生養中に、万古不易《ばんこふえき》の条理がある。これすなわち天の道徳である。この道徳がなくては、生養の経済を遂ぐることは出来ない。

6日　天に対する務め

天より人を視れば、みな同じく生みしところのものである。ゆえに四海の人々はみな兄弟であるから、人々相親しみ、相愛して、衣食住を営むは、天に対する務めである。

7日 経営は天の使命

吾人《ごじん》が事業を経営するはすなわち天の使命を行うものであるという観念を持つは人たるの本分を自覚したものである。

カーネギー氏はその身に幾十億という財産を持ちながら、ほとんどこれを意に介しておらぬが如く、その事業経営に全力を注ぐはすなわち天の使命に従うかの如くに考えて、完全にこれを果たさぬ以上は、この世に対して、その本分を完《まっと》うしたものと言えぬという、崇高の観念を持っている。

8日 仁義道徳と生産殖利

いかに仁義道徳が美徳であっても、生産殖利を離れては、真の仁義道徳でない。生産殖利もまた仁義道徳に基づかざれば、決して永続するものではない。

9日 商業道徳の根本

英国などにては、『嘘ヲ吐カヌガ商人ノ資本』といい、また『信用ハ資本ナリ』と言うておる。これ商業道徳の重んずべきを訓《おし》えたものである。

10日 商業道徳の効能

商業道徳なるものは、事業を拡張し、富を増進する栄養物である。

11日　世と調和する

人のこの世に存《なが》えゆくには、自己一人にては何事をもなし得るものでない。万事に触れ、万人に接するによって、はじめて種々の交渉も起こり自己の発達も出来るのである。されば世に処し、人に接するには、個人を本位とせず、よく世と調和するように心掛けねばならぬ。

12日　最も穏健簡易な修養法

日々の生存において為すべきこと、為すべからざることを明弁し、地位境遇に動かさる如きことなきよう心掛くるが、最も穏健簡易なる修養法である。

13日 自由な心

人はその心を自由に持たねばならぬ。心を寛《ひろ》くして物に屈託《くったく》せず、事に当たりて適当の智能を発揮するは、心に余裕がなければ出来ぬ事である。

14日 仁

人の安宅《あんたく》は「仁」の一事に帰着する。一切の私心を挟《はさ》まずして事に当たり、人に接するならば、心中常に綽々《しゃくしゃく》たる余裕を保っていられる。

15日 仁義道徳は日常にある

仁義道徳は人々日常相交わり、相接する間に行われるのである。唐の韓愈《かんゆ》の説に拠《よ》ると『博《ヒロ》ク愛スル之《コレ》ヲ仁ト謂《イ》ヒ、行フテ之ヲ宜《ヨロ》シクスル之ヲ義ト謂ヒ、之ニ由テコレニ之《ユ》ク之ヲ道ト謂ヒ、已《スデ》ニ足リテ外ニ待ツコトナキ之ヲ徳ト謂フ』とある。人はすべてこの心をもって、国家社会に処すべきものである。

16日 勉強努力を欠かすな

人のその力を国家社会に尽くすには、仁義道徳によるはもちろんであるが、なおさらに勉強、努力を要する。すべて事の成るは『之ヲ知ルノ明ヨリモ、之ヲ勤ムルノ精ニ如《シ》カズ』とは誤らざる格言である。

17日 序を逐って進む

およそ天下の事は、その標準を高遠に立てて置かねばならぬけれども、その手を下すにあたっては、すなわち序を逐《お》うて進み、決して躁行《そうこう》軽進すべきものでない。

18日 本を務める

およそ人たる者はその事を処理するに、必ず本を務めねばならぬ。論語に『君子ハ本ヲ務ム、本立ツテ道生ズ、孝悌ハ其レ仁ヲ為スノ本カ』とあり。『遠キニ行クハ近キヨリシ、高キニ登ルハ卑《ヒク》キヨリス』と言う。この卑近《ひきん》のところに本、すなわち道があるのである。

19日 節倹と吝嗇

節倹《せっけん》と吝嗇《りんしょく》。節倹と吝嗇とは、その区別甚だ困難である。出すべき義理あるものを嫌うて出さぬはすなわち吝嗇《りんしょく》である。世間には節倹の名を借りて、吝嗇の術を行う者がたくさんある。

およそ人間として誰でも欲のないものはない。欲は決して悪い事ではない。かえって欲のない人に困る事がある。しかしその欲もあまり深くなると、吝嗇となるから、人はよくその程度を慎まなければならぬ。

20日 率直と傲慢

率直と傲慢《ごうまん》。率直は少し間違うと、傲慢となり、不遜《ふそん》となる。人に対して自分の言わんと欲することを遠慮して言わぬも、善くないけれども、直情、径行も、あまりに無遠慮に過ぎて、傲慢なるはさらに宜《よろ》しくない。ゆえに人に対し何の隔意もないように、その欲するままを言い得るよう、心掛くると同時に、傲慢となり、不遜とならぬよう、深く敬意に注意せねばならぬ。

21日 欲を抑える

人の欲望には際限なく、一を得れば二を求め、二を得れば三を望む。この欲望に駆らるると、不平、不満は胸中を去る時なく、一生涯苦のみに終わるのである。されば『足ルヲ知リ、分ヲ守ル』ことが肝要で、際限なき欲を追うこともなく、不満の情をも慰むることが出来るであろう。

22日 進取的欲望を持つ

足るを知り、分を守るとは、活動を止めるというにあらず。人生の進取的目的に対しては、不断の欲望を持たねばならぬ。

23日　国民の義務責任

国民たるものは為政者の善悪にかかわらず我が義務責任をつくさねばならない。その尽くすべきをつくし、しかる後為政者の非を鳴らすならば、すなわちもって理ありと為すに足るが、妄《みだり》に罪を為政者に負わさんとするが如きは、決して善良なる国民と称することは出来ぬ。

24日　この世を黄金世界に

およそ人たるものは、この世を黄金世界となすべき責任あるものと自覚して、国家に尽くすべきものである。

25日 国民の覚悟

何人もその住する一国一郷に対してはこれを我が物であるとの覚悟を持たねばならない。

26日 空理虚栄を排す

空理に走り、虚栄に赴《おもむ》く国民は、決して真正の発達を遂ぐることは出来ぬ。

27日　中心を失えば物は倒れる

中心を失えば物は必ず傾き倒る。一家の堅固に保たるるは中心があるからである。その中心とは忠孝、敬愛の心を言うのである。

28日　希望と理想

いやしくも一生を酔生夢死《すいせいむし》の間に送る者に非《あら》ざる限り、人には必ず希望がある。またこれが無くてはならぬものである。この希望の組織立って、遠大なるものが、すなわち理想である。

29日 気の力

人は気で持つもので精神の作用いかんにより、形体をある程度まで左右することが出来る。

30日 修養の成果

態度の軽躁《けいそう》でないのは、心を丹田《たんでん》に据えているからである。挙動の敏捷《びんしょう》なるは、平素の修養に欠くるところがないからである。

31日　感奮興起

一朝、事に臨んで感激すれば、自ら意気の奮興するものである。

8月

明治40年代に渋沢栄一が乗っていた車
(渋沢史料館所蔵)

1日 意志の健康

青年時代には、身体の健康を図ると共に、意志の健康を期するは、最も必要である。今日社会が求めつつある者は、精神堅固の人物である。

2日 自主独立の心掛け

自己の精神が堅固であって、親兄弟の厄《やっ》介《かい》にならず、何事も独力で成し遂げて、世に有用の人となる心掛けあるを要す。

3日　習慣 ①

習慣は人の平生《へいぜい》における所作が、重なり重なったものであるから、平生の注意が肝要である。悪習慣の人は擯斥《ひんせき》せられ、良習慣の人は尊敬を受くるように、自然とその人の品位に関係して来るものである。

4日　習慣 ②

習慣はただその人の一身にのみ附随するものでなく、他人にも感染し、ついに一郷一国の習慣ともなるものであるから、習慣には常に深い注意を払わなければならぬ。

5日 富者の本分

いかに自ら労苦して築き上げた富にても、これを自己一人の専有物と思うは、大いなる了簡違《りょうけんちが》いである。

人は己《おの》れ一人のみで何事も出来得るものでなく、国家社会の保護があればこそ、富みかつ栄えて、安全に生活することが出来るのである。もし国家社会の保護がなかったならば、満足にこの世に処することは、不可能である。

されば富が増せば増すほど、社会の助力を受くることが多くなるわけであるから、この恩恵に対する報酬として、救済事業に力を尽くすは、すなわち当然の義務で、出来るだけ社会のために尽くすが、富者の本分と言うべきものである。

6日 社会の幸福

人々各自よく働き、よく治めて、生活を営むは、ひとりその人の幸福なるのみならず、またこれ社会の幸福である。かくてこそ社会の平和が、安全に保たるるのである。

7日 経営と道理

およそ事業の経営は、惟《こ》れ精《せい》惟れ一《いっ》、決して他念あるべからず。而《しこう》して道理に由《よ》らざれば、行わるべきものではない。

8日 努力は裏切らない

総じて世の中の事物は自分の想像、自分の企図《きと》した如くには、運ばぬものである。しかし努力して息《や》まざればついには所信を遂《と》げ得るものである。

9日 天命に順う

人としての行為にして、天命に背《そむ》かなければ、すなわち天はこれを助けてこれに幸福を授け、もしまた天命に反して悪事醜《しゅう》行《こう》を行えば、天はただちにこれを咎《とが》め、これを罰して、不幸を与える。

10日　悲境の時こそ積極的に

事業が悲境に陥《おちい》った場合には、退嬰《たいえい》に処するより、むしろ積極的方針をとる方が、復活の端を啓《ひら》くことが多いのである。

11日　深思熟慮と勇往邁進

事に当たっては深思熟慮もっていやしくも軽率なるべからず。一旦《いったん》こうと決断したならば、勇往邁進《まいしん》すべし。たとえ失敗することありとも、天命とあきらむべきである。

12日 人間の悪癖

人間というものは、甚だ節操の無いもので、善に狎《な》るれば、その善の善たる所以《ゆえん》を忘れ、また悪に狎るればその悪の悪たる所以を忘る。

13日 大丈夫

人は卓然樹立して富貴も淫《いん》する能《あた》わず、貧賤《ひんせん》も移す能わず、威武《いぶ》も屈する能わざる大丈夫たるを要す。

14日　七情の発動は中正に

人は喜怒哀楽愛悪慾《よく》の七情を有す。この七情の発動が常に中正を失わざれば、そこに人それ自身の発達、進歩がある。

　またその発動が中正を得ざれば、自暴自棄等の悪徳に陥る。

15日　博く学んで是非を知る

道理を踏みはずさぬようにするには、博《ひろ》く学んで事物の是非を知り、七情の発動はなるたけ一方に偏せぬように心掛くるが、一番大切である。しからば君子たるを得ざるも、また小人たるを免れるであろう。

16日 流汗主義

流汗《りゅうかん》主義とは何ぞや、その定義は人の成功は実行に在りというに帰着する。

17日 青年への忠告

青年は空想を懐《いだ》いて、現在の位地に不平を鳴らすよりも、その位地に属して、果たしてよく己《おの》れの責任を尽くしおるやを考えて、これを果たすに全身の力を傾注するがよく、しからずんばいつまでも安心を得ずして一生不幸に終わる外ならん。

18日 敬礼は信実の心で

人に対しては敬礼を欠いてはならぬ。されどただ形式だけの敬礼は、往々相手の感情を害し、かえって礼せざるに劣るものである。ゆえに信実なる心をもって、いささかたりとも、敬意を失わなければ、応対の調子は粗野で礼譲に習わぬところがあっても、悪感を抱かしむる恐れはないものである。

19日 親しき中にも礼儀あり

初対面の際や、儀式の時などは、人々各々その心掛けをもって臨むゆえ、その態度は慇懃《いんぎん》に、敬意を失うようなことはないが、懇親の度が進むと誰も心が緩むから、細かな事で間違いが起こり易《やす》い。ゆえに宴楽遊興の時などは、ことさら注意すべきことである。

20日 小事をも慎む ①

小事をおろそかにし、大事を慎むは、一般の人情であるが、大事も案外小なることあり、小事かえって重大なる場合もあるから、事物は表面の大小にかかわらず、よくその性質を考慮し、しかる後にその処置をするように心掛くるが肝要である。

21日 小事をも慎む ②

些事《さじ》と思ったことが、後日大問題となりて、ついに大失敗を招くことは間々ある習いなれば、小事にも速断は戒むべきものである。

22日 益友を求める

善き物は少なくして、悪い物は沢山《たくさん》ある如く、善き友を得るは難くして悪《あ》しき友を得るは易《やす》い。しかるに人は益友を求めようとはせず、我が気に迎合するような、損友を喜ぶは、なお善き器物を顧みずして、粗悪なる器物を愛すると同じく、惑えるの甚だしきものである。

23日 益友の条件

友人としては、遇《あ》う毎《ごと》に忠告をするくらいの者でなければ頼むに足らぬ。忠告は誰でも嫌《いや》なものだから、信実の益友でなければ、強《し》いて忠告してくれるものでない。真に自分のためを思うてくれる人であるから、言うのである。さような人を択《えら》んで交われば、必ず間違いが少ない。

24日 武士道の粋

東洋、特に日本では、陰徳をもって行いの上《じょう》なるものとし、自分の責任はもちろん、他人の責任までも、これを負うをもって、武士道の粋《すい》としている。

25日 感化を遂げる

生活をするだけの働きは、自分でしなければならぬという念慮が生ずれば、自然に何か勉強したいという考えが伴って来る。そうなると、ただ己《おの》れさえ都合がよければという、自我心が自然に矯《た》められて、他に対して愛情というものが芽を出して来る。ここに至れば感化は遂《と》げ得たものである。

26日 縁の下の力持ち

慈善を行うに、かりにも衒《てら》う心があってはならぬ。真の陰徳でなければならぬ。『来レ来レ汝《ナンジ》ニ与ヘン』と言うが如き態度であったならば、真の親切は届かぬものである。一言もってこれを蔽《おお》えば『縁ノ下ノ力持チ』が尊いのである。

27日 大功無名

『大功無名』という古語がある。かの表面に立ちて活動するは、いかにも華々しいが、縁の下の力持ちをする方が、かえって天下国家に貢献し得らるるものである。

28日 分に安んずる

　多くの人が、限りある顕要《けんよう》の地位や、枢《すう》機《き》の官職を目的とし、争うてこれを希望するは、あたかも富籤《とみくじ》を引くようなものである。得意の人が少なくして失意の人多きは当然である。各々その分に安んずる心掛けが肝要である。

29日 分相応の力を尽くす

　人はこの世に生まれると共に、天の使命を承《う》けている。ゆえにひとり自己のためばかりでなく、国家のためになることを為すべき義務がある。されば才能の多い者は多いだけ、少ない者は少ないだけ、分相応の力を尽くすが、この世における義務で、天命に従う所以《ゆえん》である。

30日　天命を楽しむ

天命とは実に人生に対する絶対的の力である。この力に逆って事をなす能《あた》わざる事実は幾多《いくた》の歴史がこれを証明している。ゆえに人々がみなこの天命を知る時において、はじめて社会的に順序あり、系統ある活動が出来ると共にその事業が永久的生命あるものとなるのである。

されば天命を楽しんで事をなすということは、処世上における第一要件で、真意義の『あきらめ』は何人も持たなくてはならない。

31日　心を真似る

真似《まね》はその形を真似ずして、その心を真似よ。

9月

生涯にわたり学び続けた渋沢栄一（渋沢史料館所蔵）

1日 国家繁栄の道

商業に従事する者が、その商業の位地を進むると同時に、またその人格と知識とを、いや増《ま》し向上せしめて行くようでなくては、いや増しに国家の繁栄を期し、富強をはかることは出来ぬ。

2日 実業家の生き方

実業家たらんとするものは、その事業の大小と種類の広狭《こうきょう》とを問わず国家社会に対して、協賛の心があり、国と共に営み、社会と共に進む心掛けあらんことを要す。

3日 平和の戦争

今日流行の言葉を借りて言えば、商工業は平和の戦争である。けだし競争は、すなわち一種の戦争である、この競争があってこそ、はじめて社会が、進歩もし、繁栄もするのである。しかしながらそれは善意の競争に限る。

4日 競争の善悪

商工業上の善意の競争は、他を害することなくして己《おの》れを利するを言い、悪意の競争は、暴戻《ぼうれい》の戦争と同じく他を傷害しても、ただ自己の利益のみを目的とするを言う。

5日　働く者の矜持

実業に従事する人は、その事業の成敗を第二に置き、まず人の人たる本分を尽くすを目的とし、而《しこう》してその一身が、人として恥じぬということを、心掛けなくてはならない。

6日　外に働き掛ける

各種の人が、各方面に力を尽くすということが、甚だ必要である。殊に今の世の中においては、内に働くは無論必要であるが、外に向かって働き掛けるということに、大いに心を用いねばならぬ。勢い、内に余りあれば、みずから外に溢《あふ》れざるを得ない。

7日 事業は学理に由る

およそいかなる事業でも学理に由《よ》らなくてはならぬ。

金融の事を論じ、運送の道を講じ、農業、工業の得失を究《きわ》める等、みな学理に由らなくてはならぬ。かくて学問と実際と相伴うて、はじめて事業の進歩、発展を期し得らるるのである。

8日 学問と事業を調和させる

理論と実際、学問と事業、この両者がよく調和し、密着する時が、人として完全の人格を存し、国として富強となるのである。

9日　知行合一

すべての事は、思うと同時に行わねばならぬ。思う前にまず学ばなければならぬ。いわゆる知行合一《ちこうごういつ》は、陽明学の骨子で、孔夫子《こうふうし》も『学ンデ思ハザレバ則チ罔《クラ》シ、思フテ学バザレバ則チ殆《アヤフ》シ』と言われた。古人は決して我を欺《あざむ》かぬ。

10日　青年の教育

青年の気風の剛健なると、惰弱《だじゃく》なると、風雅なると、野卑なるとは、その学問の性質および教師の感化による。青年をして厭世《えんせい》思想を抱かしむるが如きは、教育がそのよろしきを得ないからである。

11日 学生を養成する

学生を養成するには、その智識を増さしむるよりは、一意専心、志を貫くという強固の精神を持たせたいものである。

空漠《くうばく》の論理に拠《よ》らずして、実際の事実を詳細に説示し、かかる事はかくなるものであるという実例と原理を会得せしめ、もって事物に当たらしむるが必要である。

12日 鍛錬の功を積む

意志を強固に保つには、ぜひ鍛錬の功を積まねばならぬ。

日常身辺に蝟集《いしゅう》する事物は、一つとして鍛錬の材料とならぬものはない。

13日 逆境に処する

逆境に処するにあたりては、まず天命と諦《あきら》め、勉強忍耐もっておもむろに来るべき運命を待つがよい。

14日 断じて行え

逆境に処しては、断じて行え。決して疑い惑うてはならぬ。正心誠意事を行い、もって天命を待てば、その人の運は、必ず開けて来るものである。

15日 精神集注

一本の手紙を書くに当たりても、筆を執り、紙に対している間は、精神をその事に集注し、他事は一切念頭に置かぬがよい。

16日 人に接し事を処する

人に接し事を処するには、後に至り自ら省みて、心中一点のやましきところなく、精神上に愉快を感ずるほどでなければならぬ。

17日 忍耐を専一に

総じて世の中の事は、心のままにならぬことが多い。忍耐を専一として撓《たわ》まず、折れず、間断なく進むときは、意志次第に強固になりて、心を擾《みだ》さるるが如きなきに至るものである。

18日 同意出来ぬ事は断る

自分の意見と全《まった》く違う事に対して、なお不同意なきが如く、一時遁《のが》れの挨拶をすればついに情実に余儀なくされて曲従せねばならぬようになる。

ゆえに細事たりとも、同意の出来ぬ事とは、截然《せつぜん》としてこれを断るがよい。

19日　処世の注意点

恕をかくしてその人と交わるは、恥ずべき事なれど、また一方には礼をも顧みなければならぬ。礼はすなわち流儀の異なった人と共に世の中の進歩を図って行くに必要である。その礼を守りてかの巧言令色、足恭《すうきょう》に流れぬようにするが、処世上まことにむつかしき点である。

20日　多様性の意義

人の心はなおその面《おもて》の異なるが如くであるから、自分は自分の流儀によって、その行くべき道を進み、他人は他人の嗜好《しこう》によって進んで差し支えないのであるが、その流儀の異なった各種の人が寄り合って、和衷《わちゅう》協同、相助け、相進んで行くところに、世の中の進歩発展があるのである。

21日 温故知新 ①

社交上または文学上のみならず、すべての事において、温故知新、すなわち時勢の沿革を審《つまびら》かに観察することは、世道人心を裨補《ひほ》することの多いもので、我々実業家もまた決して学者、政治家に譲ってはならぬ。

22日 温故知新 ②

温故知新などということは、学者あるいは政治家の為すべきことで、我々は知らぬでもよいというが如きは、これ我が実業の区域を狭《せば》め、我が地位を低くする所以《ゆえん》の陋《ろう》習《しゅう》である。

23日 全人を目指す

元来人は自己の智を磨きて徳を修め、業務を勉励してもってその進歩発展を心掛けねばならぬ。されどただ財を多く貯《たくわ》うることのみを目的としてはならぬ。総じて人たるの本能を具足して、人のため、国のために尽くし、而《しこう》して何事も第一位に進まざれば、全人とは言われぬ。

24日 仁は広く重いもの

およそ仁なるものは、人を治むるにも、人に治めらるるにも、上たる者にも下たる者にも、いかようにも尽くし得られ、行い得らるる、広くして重いものを指すのである。曾子《そうし》の言葉に、『仁以《モッ》テ己《オノ》レガ任トナス、亦《マタ》重カラズヤ、死シテ後已《ヤ》ム、亦遠カラズヤ』とあるは実に味わうべき一句である。

25日 超然道を楽しむ

顔回《がんかい》（孔子の一番弟子）に貴ぶところは、彼が簡易生活に満足したる点にあらずして、よく富貴の誘惑に打ち克《か》って、毫《ごう》も志を枉《ま》げず、超然道を楽しみたるところに在る。

26日 不自由の楽しみ

人はいかに貧窮したからとて、心の持ちよう一つで、どうにでもなるものである。顔回の如く、一箪《いったん》の食《し》、一瓢《いっぴょう》の飲《いん》に甘んずることは、一見苦しいようでも、そこにまた一種の誇りを感じ得らるることがあって、不自由の中にも、自ずから楽しみを得られるものである。

27日 信念の力

吾は天の使命を享《う》くとの堅固なる信念を抱いていているならば、いかなる厄難《やくなん》に遭うても、決して苦痛と思うことはない。

28日 愛の心

人々相互に同胞視する所以《ゆえん》は、元来人はその本性として、愛の心を有するからである。この愛の心が根本となって、百の善行が行わるるのである。

29日 学問の力

審《つまびら》かに時勢の趨《おもむ》くところを察して、事物の大綱を誤《あやま》らぬようにするのは、学問の力でなければならぬ。天才や努力ばかりで出来るものでない。

30日 学問の独立

学問は独立すべきものである。権勢によって左右せらるべきものでない。

10月

座右の銘「順理則裕」を揮毫する渋沢栄一（渋沢史料館所蔵）

1日 正直で親切

事務家はどこまでも正直にして、親切でなければならぬ。いかに巧妙、いかに機敏でも、徳義を顧みない人は、たとえ一時的に用を弁ずるも、永久の成功は覚束ない。

2日 精神の修業

会社銀行員と称してもさまざまの種類があり、階級がある。その職務に適応する才能、学問を要するは言うまでもないが、それ以上に大切なる要件は、精神の修業である。いかに学問があり、才能があっても、人格において欠くるところがあっては、事業を満足になし遂げることは出来ない。

3日　趣味と感興

およそ業は、勤むるに精《くわ》しく、嬉《たの》しむに荒《すさ》むと韓退之《かんたいし》が言うてあるが、実に金言である。ゆえに人は事業を営み、職務を取るに当たりては、常に趣味と感興とをもって、その事を迎えなければならぬ。しからざればその業務はついに荒廃せざるを得ぬのである。

4日　貯　蓄

我国人は古来貯蓄に意を用いず、『武士ハ喰《ク》ハネド高楊子《タカヨウジ》』、『宵越《ヨイゴシ》ノ金ハ使ハヌ』などと誇り顔に言うた者がある。その客気は称すべきも、未開の民族たるを免れぬ。けだしこれ一種の依頼心のしからしむるところで、「其《ソノ》中ニハ何トカナルダロウ」「マタ善イ風ノ吹キ回シモアロウ」など、当てにならぬことを当てにするところから起こる弊である。この弊風は絶滅せねばならぬ。

5日 松平定信

松平定信《まつだいらさだのぶ》は、実に政治家の典型である。彼に取るべきところは、その才学技倆《ぎりょう》にあらずして、至誠徳操にあり。その純正なる信念は、実に得難き美徳である。

6日 政治家の弊

現今の政治家は真摯《しんし》質実の気性を欠き、犠牲的観念に乏しい傾向がある。

君国の為《ため》に奉公するという精神少なく、ただ我が党のため、否、自己のために進退し、その主義方針は、常に動き易《やす》く、昨は白く、今は黒く、客歳《かくさい》源家に事《つか》えし人、今年は平氏に馳《は》せ参ずるという風がある。ああ政治家とは、かくも恬然《てんぜん》として恥無きものか。

7日　中正にして向上

すべて事物は彼を嫌えば此を好み、右を矯《た》むれば、左に傾き易い。ゆえに修養は一方に偏する事なく、中正にしてかつ向上的でなければならぬ。

8日　あるべき政治

万機その宜《よろ》しきに適《かな》いて紀綱大いに張り、而《しこう》して善良なる政治が各方面に行き渡ること、例えば人体に血液の流動するが如くならねばならない。

9日 理論と実践

事業の完全なる進歩発達を図るには、なるべく学者にして実業経営の能力ある人か、あるいは実業家にして学問を修めた人を任用するにある。

10日 学問と実際

学問は、骨髄まで充分に研究し尽くせば、決して実際と背馳《はいち》するものではない。

11日　女性の理想

女性の慎しやかなる中に、充分学問あり、智識あるは、奥床《おくゆか》しき事にて、家庭を主宰して行く上にも、また子供を教育してゆく上にも是非ともかくありたきことである。

12日　貞操観念

容貌《ようぼう》、学問、智識以外に、婦人として最も大切なるは、貞操である。貞操は婦人の生命である。たとえ学識、才能ある上に、花の如き容姿を持てる婦人でも、貞操に欠くるところがありては、あたかも造花の如く、魂のないものである。

13日 教育の目的

教育の目的は、ただその学生の天賦《てんぷ》の本性を発揮せしむるに在る。

14日 教育の原則

すべて教育はその原則として、智慧《ちえ》の進歩をはかると同時にその人格の養成を勉むべきである。

15日 意志鍛錬の方法

意志鍛錬の方法はいちいち挙ぐるに勝《た》えざるも、第一にその意を誠にして孝悌《こうてい》忠信の美徳により、事に当たりては、審思熟考して決定せば必ずこれを断行するの習慣を養うは、すなわち一方法である。

16日 修養の意義

孝悌《こうてい》忠信は青年の人の一日も怠るべからざる修養である。大学の『致知格物《ちちかくぶつ》』も、王陽明の『致良知』もつまり修養である。

総じて修養は細工人形を造るようなものではない。己《おの》れの良心を増進し、己れの本能を発揚するものである。ゆえに修養を積めば積むほど、その人は事に当たり物に接して、是非善悪が明瞭になって来るから、取捨進退に惑わず、決裁流るるが如くになるものである。

17日 まず人を立てる

修養は智識よりもむしろ徳行をもって本旨となす。まず人を立てて後に己《おの》れが立つ心掛けがなければならぬ。

18日 身命を抛つ

国家の大事に当たりて率然身命を抛《なげう》つことの出来る者は平素安心立命を得た者である。

19日　他人まかせ

我一人ぐらいはいかなる事をしても、多数の人がよくしてくれるからと思うは大なる心得違いである。誰もがかく思う時には、国を挙げて誤謬《ごびゅう》に陥《おちい》ることとなる。

20日　責任感

事に当たっては全然我が物と思って精励し、また事を処するにはすべて人の物である、自己は全《まった》くこの会社の公僕であると思って整理するを要す。

21日 不断の進歩

その始め毛一筋の差が、終《つい》に千万里の差を生ずることがある。ゆえに人は撓《たわ》まず、倦《う》まず、不断の進歩を要す。しかしまたその間に秩序あり、階級あることを忘れてはならぬ。俗諺《ぞくげん》にも沙弥《しゃみ》は一躍して長老になれるものでないと言うてあるから、秩序正しく順を追うて進まねばならぬ。

22日 新旧の調和

世の中の事物はすべて新旧の調和を計って行かねばならぬ。人生は仏説の如く三世を具《そな》えて居る。老人は過去を説き、青年は未来の理想を夢み、中年の人は現世に心を尽くす。ゆえに新旧の調和、三世の融合、相俟《ま》って、各々その本能を尽くすようにありたいものである。

23日　万人の至宝

古来聖賢の遺《のこ》されし典籍、すなわち孔子、孟子ないし釈迦《しゃか》、キリスト等の深遠絶大なる教訓は、万人の至宝である。

近頃自分は帰一協会という一学会に関係して、時々三教の趣味を比較研究し『わけのぼる麓《ふもと》の道はことなれど、同じ高峯《たかね》の月を見るかな』という感を深くすることがある。

24日　博愛勧善

いずれの教えにしろ、人間の根本性について説くところは『愛』であり、『善』である。博愛勧善の外に、我々を導く真理はないのである。

古来聖賢の遺されたる古典は、常に吾人《ごじん》がもって宝とすべき仁愛、慈善を得るの鍵《かぎ》として、与えられたる規範であるから、この鍵は、何人も尊ばざるを得ない。

25日 権利と義務

人は常に権利と義務との分界を明瞭にして、踏み違わぬようにせねばならぬ。権利があればその隣には必ず義務がある。権利と義務とは、常に相関連して並行するものであるから、権利の増すほど、義務もまた多くなるものである。

26日 富を作る

富を作るその一面には、常に社会的恩義あることを思うて、造次顚沛《ぞうじてんぱい》にも社会に尽くす義務を忘れてはならない。

27日 真正の実業家

我が心に、安心立命を得て、総じて、外物を頼まず、身に仁義道徳を行うて、国家社会を益し、その間に哲理を講じ、文学を玩味《がんみ》し、歴史を評論するだけの智識をもち、而《しこう》して経済の事に十分通暁《つうぎょう》している者でなければ、真正の実業家とは言われない。

28日 成るようにしかならない

人はなるべく思慮を多くして、煩悶《はんもん》苦悩を少なくしなければならぬ。物事は心配したからとて、成るようにしかならぬ。かの『人事ヲ竭《ツク》シテ天命ヲ待ツ』また『夫《カ》ノ天命ヲ楽《タノシ》ンデ復《マ》タ奚《ナン》ゾ疑ハン』というが如く、堅い信念をもって事に当たりさえすれば、心は常に平安に、体もまた胖《ゆたか》になるものである。

29日 心を一にする

何事によらず、心を一にして専《もっぱ》ら行うことは、最も肝要のことで、心の散漫なるは不成功の基である。

されば克《よ》く務め、克く遊ぶことを心とし、娯楽の場合にも、精神を籠めるがよい。遊ぶ場合に精神を籠めるは、やがて仕事の場合に精神を一にする本である。

30日 読書のすすめ

慰安を得る道はいくらもある。古器物を玩《もてあそ》ぶも可なり。茶をたて花を活け、あるいは歌、俳諧《はいかい》や、文を詠作するごとき、また木石を集め、庭園を築きて楽しむごとき、みな可ならざるなし。しかし最も容易にして、最も身に利あるは読書を第一とす。一は身心の慰安を得、一は進歩向上の助けとなる。一挙両得と称すべきはすなわち読書である。

31日　善以て宝と為す

我が家には宝として子孫に遺《のこ》すべきものはない。古人のいわゆる『善以テ宝ト為ス』ただこの一言のみである。

11月

昭和6年9月、中華民国で起こった水害への支援を
ラジオを通じて全国民に呼びかけた（渋沢史料館所蔵）

1日 成敗は泡沫のごときもの

一時の成功とか失敗とかいうことは、長い人生には、泡沫《あわ》のごときもので、さまで意に介すべきものではない。

2日 超然として生きる

事物の成敗利鈍の外に超然として、道理に則《のっと》って一身を終始するならば、価値ある一生を送る人ということが出来る。

3日　成否は勉強次第

人の世に処し当たるには、その職業や位地にかかわらず、正誠もってこれに当たり、智能もってこれを処し、強力もってこれを果たすを要す。その事の成就すると否とは、要するに勉強いかんに在るのである。

4日　学問のしかた

学問はあたかも滋養物の如し。よく咀《そ》嚼《しゃく》して、よく消化せぬと、かえってその身を害《そこな》うに至るものである。

5日 紳士君子の条件

紳士といい、君子といい、武士道というもその道は同一にして、論語にある左の語の如きは、紳士君子として、欠くべからざる条件である。

一、君子ハ先《マ》ヅ其《ソ》ノ言ヲ行フテ、後之《コレ》ニ従フ。

一、人知ラズシテ慍《イカ》ラズ、亦《マタ》君子ナラズヤ。

一、君子ハ憂ヘズ、懼《オソ》レズ、内ニ省《カエリ》ミテ疚《ヤマ》シカラズ、夫《ソ》レ何ヲカ憂ヘ、何ヲカ懼レン。

6日 世の進運を図る

人たるもの、その目的に添うところの行為としては、君に忠、父母に孝、朋友《ほうゆう》に信なるのみならず、同胞に対しては、忠恕《ちゅうじょ》の心をもって遍《あまね》くこれを愛し、これを敬し、もって世の進運を図って行かなくてはならぬ。

7日　覇者の道と王者の道

威力を乱用して、侵略を事とするは、覇《は》者《しゃ》の道である。我が国家の率由《そつゆう》するところは、仁義道徳に基づく王者の道である。

8日　侵略的国家の脅威

侵略的国家の物質の進歩、生産の発展は、かえってその暴虐なる行動を助長する凶器となるおそれがある。

9日 国家の基本は一家にある

国家の根本はすなわち一家にある。さらにこれを縮小すれば人に在る。ゆえに人々各々その身を修め、もって一郷、一国に及ぼすべきものである。

10日 大いなる怒り

一家一人のために発する怒りは小なる怒りにて、一国のために発する怒りは大いなる怒りである。大いなる怒りは、国家社会の進歩発展を促すものである。

11日 公徳心 ①

公徳心を重んずるは、すなわち協同の力の大切なることを自覚するからである。協同の精神の少ないものは、すなわち公徳心の欠乏を表白するものである。

12日 公徳心 ②

国民みな公徳を重んじ、実業を営むにも、その心をもってすれば、すなわち商業道徳は自然に行われて、随《したが》って国家の品位もまた高まるのである。

13日 今日の教育 ①

今日の教育は、智識を進めることについては遺憾ないけれども、精神の修養が果たしてこれに伴うているであろうか、教育があえて学生の元気を衰退せしむるというわけではなかろうが、学生全体から見ると、智識は昔日《せきじつ》の学生より長《た》けているけれども、正義、勇敢の気象《きしょう》に乏しい嫌いがありはせぬか。

14日 今日の教育 ②

現今の教育は、修学の順序といい、教育の仕方といい、至極緻密《ちみつ》であるが、成業の人を視ると鉢植の樹木を見るように、枝振りは好いがとかく小規模で、ただ小利にのみ走るという弊が見える。かくては世に大功を立てる人になれるものでない。ゆえに今日緻密な学問で養われる人は、一層心を高尚にし、豪邁《ごうまい》にして、活発の人たらん事を期せねばならぬ。

15日 先憂後楽

人は憂を先にして楽を後にする心掛けがなくてはならぬ。『廟堂《ビョウドウ》ノ高キニ居レバ、則チ其《ソ》ノ民ヲ憂ヒ、江湖《コウコ》ノ遠キニ居レバ、則チ其ノ君ヲ憂フ。是レ進ンデモ亦《マタ》憂ヒ、退イテモ亦憂フ、然《シカ》ラバ則チ何ノ時ニ楽マンヤ』とは宋の范文正公《はんぶんせいこう》の岳陽楼記《がくようろうき》中の文であるが、玩味《がんみ》すべき言である。

16日 糾える縄のごとし

喜の後に憂あり、憂の後に喜あり、あたかも糾《あざな》える縄の如し。喜ぶにあたりては後に憂あることを忘れてはならない。

志ある人は、憂いある場合にも、喜あることを期して、その志を沮喪《そそう》せず、喜のある場合にも、その喜に狎《な》れて、憂を忘れぬようせねばならぬ。

17日 苦境を佳境に

楽はよく憂を忘れしむるものである。ゆえに楽しみて事を行えば苦境もまた変じて佳境となるものである。

ある老人が、人の忠告に答えて『自分ハ相当ノ資産モアリ、肯《アエ》テ働カネバ食エヌト云フ身デハナイガ、此ノ勉強ト云フコトハ自分ニハ第一ノ楽デアル。故ニ朝ニ晩ニ其ノ楽ヲ盡シテ居ル。而シテ其《ソノ》結果トシテ物質的ニ楽ミノ滓《カス》ガ溜《タマ》ツテ之《コレ》ガ田地トナリ、又ハ貨財トナル。故ニ田地ヤ貨財ハ即チ自分ノ為メニハ楽ミノ滓デアル。既ニ勉強ヲ自分ノ楽事トシテ自然ニ生ジタ楽ミノ滓ナレバ、自分ノ死後ニ、毫《ゴウ》モ心ニ関スル所ハナイ』と言いしと、これはこの老人の至言である。哲理である。総じて事物はかく考うれば、身を終うるまで心安く、勉強することが出来る。

18日 老人の生き方

理解力あり、記憶力あり、思慮といい、健康といい、社会に立ち得るからは、老人なりとて、空《むな》しく月日を送るは、人の本分に悖《もと》るものと言わねばならぬ。

19日 精神の存在者と肉塊の存在者

人はその生命の有らん限りは精神の存在者であって、肉塊《にくかい》の存在者とはなりたくない。まだあの人は生きているかと言わるるは、これ実に肉塊の存在者である。

20日 過誤の所以

いかに忙しき時とても、仕事を考えながら人と談話し、談話しながら事務上に心を配るなどは、過誤を招く所以《ゆえん》である。

21日 急ぐべからず

事務激しければ激しきほど、心を落ち着けて、決して急ぐべからず。これ渾身《こんしん》の力をその事に傾注する道である。

22日 智慧を進める

すべて人の智慧《ちえ》が進むと、ややもすれば自然を害し、生理上においては、健康を損するおそれがあるけれども、やはり、智慧を進めるはすなわち事物を進化せしむる所以《ゆえん》である。

23日 真の幸福を得る道

智を磨き、徳を修め、勉めて怠らざるは、すなわち人生における真の幸福を得る所以の道である。

24日 人の幸福と国家社会の功徳

人の幸福は自己の才識、勉強によってのみ発展すると思うは、大いなる誤解である。国家社会の功徳《くどく》が、大いにあずかって重きをなすものである。

25日 自我を取り去る

人の心より自我を取り去り、自己を客観の地に置くことが出来るならば社会は必ず円満に、国家は必ず太平になるであろう。

26日　歳月人を待たず

杜子美《としび》の詩に『事多クシテ歳月促《せ》マル』また陶淵明《とうえんめい》の序に『盛年重ネテ来ラズ、一日再ビ晨《アシタ》ナリ難シ、時ニ及ンデマサニ勉励スベシ、歳月人ヲ待タズ』とある。これ事の滋《しげ》くして歳月を短しと感じ、また月日が我々を待ってくれぬという感慨である。人は国家社会に対し、たとえ大なる働きが出来ぬにしても、病気等にて事に従い得ぬ場合の外は、自己の本分に全力を尽くすべきものである。

27日　クヨクヨの徳

くよくよと暮らす所に案外大なる徳がある。

「クヨクヨ」はすなわち種々なる不安、不満足等を意味するものである。

この「クヨクヨ」の念ある限り、その人はどうにかして、その不安から免れんとし、あるいは不足を補い、不幸を脱却せんとする努力を生ずるものである。その努力の伴う「クヨクヨ」であるならば、自然その人の発奮の動機ともなり、活動の源泉ともなるものである。

28日 自活と慈善

人は人を助くる心あるを要し、また人の助けを頼まぬ心あるを要す。この二方面は、決して矛盾撞着《どうちゃく》するものでない、すなわち人はいかに自活すべきものとしても、人の力には自ずから限りがあるから、時に窮迫《きゅうはく》の事なきを保せず。慈善の必要はここに在る。さりとて必ずしも、物質上の助力に限るにあらず。同胞相愛の心をもって、慰藉《いしゃ》し、扶助するが慈善である。したがって毫《ごう》も自主独立の心と衝突するものでない。

29日 人の成長

人は生まれたままで満足を得られるものでない。学ぶ、求むる、進むという順序で、その機能を発揮し、漸をもって向上進展し得られるのである。

30日　余の接客法

人来れば迎え、迎えて心を虚《むな》しうし、至誠をもって人を待つ。

これ余の接客法である。

12月

昭和6年、91歳で亡くなった渋沢栄一の葬儀には約3万人が沿道に集まった（渋沢史料館所蔵）

1日 一歩一歩

およそ世の中の事は、一歩進んでは立ち戻《もど》り、而《しこう》してまた進むというように、波動状をなして進んで止《や》まぬものである。

2日 憂いと喜び

すべて世の中の事は、もうこれで満足だという時は、すなわち衰うる時である。憂えある時は、必ず喜ぶべき現象を含んでおるものである。ゆえに進んでも憂え、退いても憂うというように、この憂いの間に過失を少なくせんことを要する。

3日　師と弟子

師たるものは、子弟の精神上の感化を第一の主義として、己《おの》れ自ら模範を示さなければならぬ。また子弟たるものは、一字の師といえども、必ずその恩誼《おんぎ》を忘れてはならぬ。

4日　師の恩

いやしくも学につく者は、その師の恩誼を感ずることは、これその徳を研《みが》く第一歩である。

5日 及ばざるを恐れる

真に学を好み孜々《しし》として及ばざるを恐るる人ならば、その品性智識は自ずから向上するものである。

6日 怒りと修養

常に学を好みて、修養を怠らざれば、怒りを遷《うつ》さず過《あやま》ちをふたたびせぬような人になることは難事ではない。怒りを遷し過ちをしばしばする人は、要するに修養に心を用いぬ人である。

7日　修養の功

人はある境遇においては、周囲の事情あるいは習慣のために、卑屈に陥《おちい》り、ついに自らその人格を侮蔑《ぶべつ》する如きことがある。しかし修養の功を積みたる人は、この弊を免る事が出来る。

8日　文明の商売人

文明の商売人たらんと欲する者は、一紙半銭の取引をも労とせず、最も通俗なる事務を取扱いつつも、その志を高尚にし、純潔にし、剛毅《ごうき》にし、卑賤《ひせん》に泥《なず》まぬようになさねばならぬ。

9日　元気振興

国民の元気が振興すれば、その国勢が振興し、一身の元気が振興すれば、その家道が昌盛《しょうせい》す。

10日　進歩向上を怠るな

『斉《セイ》一変セバ魯《ロ》ニ至ラン。魯一変セバ道ニ至ラン』と孔夫子《こうふうし》は言われたが、いかなる邦国でも、いかなる人間でも、進歩向上を怠らなければ道理に適《かな》う邦国ともなり、人間ともなり得らるるものである。

11日 文明の滅亡

今後国際間の関係が、道徳の原則に支配せられるようにならずば、現代の文明もまた過去の文明の如く、やがて滅亡の運命に到着するを免れぬであろう。

12日 先覚者の務め

将来世界の恒久的平和を望まば、国際仲裁裁判、あるいは国際警察等に頼るよりも、さらに一歩を進めて、各国の先覚者が、倫理的宗教的精神を振起し、互いに和衷《わちゅう》協同の態度をもって相交わるを要する。

13日 二種の欲望

欲望に「貪《とん》」「瞋《しん》」「邪」「悪」等、人を害し、自己をも害するものと、「公」「正」「平和」等、自己を利し、他をも益するものとある。人はよくこれらの差別を明らかにし、その判断を誤らぬよう心せねばならぬ。

14日 人を呪わば穴二つ

たとえ己《おの》れ自ら利あればとて、他国の困難を喜ぶが如きは、人道に反するものである。その利は決して永続するものでない。

15日　何を祈るか

余は天に対しても、神に対しても、自己に幸いあれかしと祈ったことはない。

16日　道理に適って進む

およそ事業は、どこまでも道理に適うた働きをもって進行するにおいて、はじめて己《おの》れを益し人を利し、もって真正なる富を作り、かつ、いつまでも強固にこれを維持し得らるるものである。

17日　不自由は世の常

人生は不足がちなるが常であって、満足というものは、有り得べからざることである。不自由を世の常の事と思わば、別に苦情も起こらなければ、下らぬ心配も起こるはずがない。かくてその志すところの事に従うがよい。

18日　順境の落とし穴

順境にある者は、往々調子に乗る弊がある。人間界の万事はすべて意の如くならぬものである。かかるありさまがいつまで続くものと、その心に油断が生ずればこそ、外界の誘惑に打ち克《か》つことを得ずして、ついに一身を誤るのである。

『名ヲ成スハ毎《ツネ》ニ窮苦ノ日ニ在リ、事ヲ敗ルハ多ク得意ノ時ニ因ス』という古人の警句は、極めて簡単ではあるが、よく個中の消息を穿《うが》ったものだ。

19日　一喜一憂

一喜一憂は、到底人生に免れ難きことである。余はある時には、長生きはするものでないと悲しんだこともあり、また長生きをしたればこそ、かかるうれしいこともあると喜んだこともある。

20日　経営者の時間感覚

同一の事を永く経営していると、永い時間も短く感じ、長寿も短命と思うのである。

21日 真の勇退

人々から、引退を惜しまれ、切に引き留めらるるうちに、自己の境遇、年齢、健康、及び周囲の事情等を考慮して、身を退くこそ、真の勇退である。

22日 第二の人生

余はすでに銀行頭取は辞職して、実業界から引退したが、国民たることは辞職が出来ぬものと思うているゆえに、今後はさらに、社会事業のため老躯《ろうく》をさげて、一意専心尽瘁《じんすい》しようと思うている。

23日 無上の愉快

人はなるべく愉快に自己の生活を遂げたいものである。愉快とは心にやましいところのないのをいうのである。

すなわち道理によって目的を立て、目的に従って手段を講じ、而《しこう》してその事業が着々実現し、成功するところに、無上の愉快があるのである。

24日 価値ある一生

自己の学問智識を応用し、社会のため、国のため、愉快に活発に働きて、人たるの本分を尽くすが、人として価値ある一生である。人もし余の一生を通じたる主義いかんと問わば、余は前の如く答うるものである。

25日 理想を実現する

およそ目的には、理想が伴わねばならぬ。その理想を実現するのが、人の務めである。風のまにまに揺《ゆ》られて定見も操行もないのは、処世のよろしきを得たものとは言われぬ。

26日 同情心

善をほこり、労を嫁せんとするような人は、要するに道徳心の足らぬ人である。この道徳心の根柢《こんてい》となるものは、何かと言えば同情心である。同情心がなければ、人の慈善心は決して発達せぬものである。

27日　十年猶昨の如し

『十年一昔』というが、自分は『十年猶《ナオ》昨ノ如《ゴト》シ』で、企望の滋《しげ》きがために常に歳月の経つを忘れ、かつその経過もまた甚だ短く感ずるのである。したがって人は空漠《くうばく》と日を送るべきものでないということが、いつも念頭を去らない。

28日　晩年を美しく

人の生涯をして価値あらしむるは、一《いっ》に繋《かか》りてその晩年にある。古人の句に『天意夕陽《セキヨウ》ヲ重ジ、人間晩霽《バンセイ》ヲ貴ブ』というはすこぶる我が意を得たものである。

人の一生に、疎《おろそ》かにしてよいという時はない。一分一秒といえども、貴重の時間たるに相違ないが、その中でも、余は晩年が最も大切であると思う。若い時に欠点のあった人でも、晩年が美しければ、その人の価値は上がるものである。

29日 深思熟慮

すべて世の中の事は、三思してもなお足らず、十思百慮を要することもあれば、また再思の要だになく、ただちに実行せねばならぬ事もある、要するに因循《いんじゅん》姑息《こそく》に陥《おちい》らぬ程度において深思熟慮すべきものである。

30日 常に新しく

慈善事業であれ、感化事業であれ、すべてこの種の事業もなお他の森羅万象《しんらばんしょう》の年々歳々移り行くが如く、新しき色彩と、新しき開展とを目標として進行せねばならぬ。

31日 始めを慎む

何事もその始めを慎むがよい。原因さえよかったならば、結果は必ずよくなるものである。

あとがき

滾《たぎ》った時代には滾った人物が生まれる、といわれています。

幕末明治はまさにそんな滾った時代であり、多くの滾った人物を輩出しました。渋沢栄一もその一人ですが、渋沢には際立った特徴があります。

渋沢は二十七歳のときに十五代将軍徳川慶喜の弟・昭武に随行してフランスに渡り、二年間の留学生活を送りました。その間に株式会社や銀行の仕組み・制度を徹底的に学び、それを日本に移植しました。もし渋沢がいなかったら、日本の近代化はあれほど早く成し得なかったことでしょう。

渋沢は資本を出し合って有為な人材に経営を任せる合本主義を唱え、その生涯に五百以上の会社の創業に携わりました。その一方で、人々を啓蒙すべく数多くの書物を著しました。

その中の一つに、一九一九（大正八）年に富之日本社から刊行された『青淵《せいえん》先生訓言集』（矢野由次郎・編　※青淵は渋沢栄一の雅号）があります。

『青淵先生訓言集』は全十編・六百五十頁にも及ぶ大冊で、千以上もの語録が収載されています。百年以上も前に刊行された書物であるにもかかわらず、そこに収められた言葉はいささかも古びることなく、むしろ現代を生きる私たちの心に深く響き、多くの示唆を与えてくれることには驚かされます。

本書はその『青淵先生訓言集』を底本に、日々の指針や修養の糧となる訓言を三百六十六精選した語録集です。

現代は渋沢栄一が生きた激動の時代と同じく、世界が大きな変化の只中にあります。混迷の時代を歩むための道標とすべく、渋沢の言葉に触れ、力強く一歩を踏み出す方の多からんことを願ってやみません。

本書の終わりに、渋沢に関して忘れ難い話を記しておきます。

渋沢が亡くなった時、自宅から青山斎場までの沿道には棺を見送る人々が溢れ、絶えることがなかったといいます（一九七頁参照）。渋沢がいかに多くの人の尊敬を集めていたかを物語るエピソードです。

渋沢が生涯敬愛してやまなかった孔子が「吾が道は一以て之を貫く」と述べていますが、渋沢にも一以て之を貫いたものがありました。

それを『雨夜譚』という自伝の中で、人に残す形見として歌に詠んでいます。

ゆづりおくこのまごころの ひとつをば
なからむのちの かたみともみよ

『一日一言』の末尾の言葉として、この言葉を添えたいと思います。

最後になりましたが、本書にまえがきをご寄稿いただいた渋澤健様、貴重な写真を提供してくださった渋沢史料館様に厚く御礼申し上げます。

令和五年三月

発行人　藤尾秀昭

原文は引用にあたって、原則とし新字体・現代仮名遣いに改め、読みにくい漢字には振り仮名を付けました。また、送り仮名は原則として現代表記としました。読みやすくするため、漢字を平仮名にした箇所、改行を加えた箇所等があります。

なお、現代では差別的表現とされている語句が使用されている箇所がありますが、原作の独自性や文化性を考慮し、原文のまま収録しました。

〈著者略歴〉

渋沢栄一（しぶさわ・えいいち）
1840年～1931年。実業家。埼玉生まれ。一橋家に仕えて幕臣となり、パリ万国博覧会幕府使節団に加わり渡欧。維新後、大蔵省官吏を経て第一国立銀行を設立。各種の会社の設立に参画し、実業界の指導的役割を果たした。教育・社会事業にも尽力。著書に『論語と算盤』など。

渋沢栄一 一日一言《いちにちいちげん》

令和五年四月二十日第一刷発行

著者 渋沢 栄一
発行者 藤尾 秀昭
発行所 致知出版社
〒150-0001 東京都渋谷区神宮前四の二十四の九
TEL（〇三）三七九六―二一一一
印刷・製本 中央精版印刷
落丁・乱丁はお取替え致します。 （検印廃止）

ISBN978-4-8009-1281-7 C0034
ホームページ https://www.chichi.co.jp
Eメール books@chichi.co.jp